领航青春

——北京航空航天大学青年工作撷英（2019—2021）

◎庄岩　刘洋　主编

北京航空航天大学出版社
BEIHANG UNIVERSITY PRESS

图书在版编目（CIP）数据

领航青春：北京航空航天大学青年工作撷英：2019-2021 / 庄岩，刘洋主编. -- 北京：北京航空航天大学出版社，2022.10
　ISBN 978-7-5124-3873-6

　Ⅰ. ①领… Ⅱ. ①庄… ②刘… Ⅲ. ①中国共产主义青年团－高等学校－共青团工作－北京－文集 Ⅳ. ①D297.6-53

中国版本图书馆CIP数据核字（2022）第157280号

领航青春——北京航空航天大学青年工作撷英（2019—2021）

责任编辑：王　素
责任印制：秦　赟
出版发行：北京航空航天大学出版社
地　　址：北京市海淀区学院路37号（100191）
电　　话：010-82317023（编辑部）　　010-82317024（发行部）
　　　　　010-82316936（邮购部）
网　　址：http://www.buaapress.com.cn
读者信箱：bhxszx@163.com
印　　刷：北京雅图新世纪印刷科技有限公司
开　　本：710mm×1000mm　1/16
印　　张：24.25
字　　数：373千字
版　　次：2022年10月第1版
印　　次：2022年10月第1次印刷
定　　价：138.00元

如有印装质量问题，请与本社发行部联系调换
联系电话：010-82317024
版权所有　侵权必究

编委会

主　编：庄　岩　刘　洋

编委会成员（以姓氏笔画为序）

丁瑞云　朱鹏宇　杨姿楚　李　鹏　张　聪　孟宪博　赵　圆
钟　国　高文琪　郭　金

序

  当代青年是新媒体的主要用户，随着网络技术的发展普及，新媒体对青年思想的影响日益明显。习近平总书记强调，做好高校思想政治工作，要运用新媒体新技术使工作活起来，推动思想政治工作传统优势同信息技术高度融合，增强时代感和吸引力。一直以来，共青团北京航空航天大学委员会高度重视新媒体在青年思政教育工作中的重要作用，持续推动网络新媒体为思想政治引领工作"赋能"，深入实施共青团宣传思想产品化战略，不断创作出有思想内涵、有精良品质、有广泛影响的共青团网络文化产品。

  《领航青春——北京航空航天大学青年工作撷英（2019—2021）》以宣传工作思考和新媒体成果产出为基础，系统性汇编近三年来北京航空航天大学关于共青团工作的46篇精品推送，分为"青春领航""文化育人""实践探索""双创引领"四个篇章，用精妙的语言文字、珍贵的故事经历、精美的摄影图片和深刻的论述总结，展示北航青年在思想理论学习中的厚植提升、在校园美育文化中的多维发展、在志愿实践作为中的奉献身影、在砥砺创新创业中的昂扬风采……由小见大，集结成册，这是对北航青年奋斗群像的全景刻画，也是对北航人精神特质的生动诠释！

  同时，本书作为新时代高校共青团建设优秀网络文化的实践成果，在总结梳理、讲述故事、传递声音的同时，结合工作实际和思考感悟，充分凝练共青团新媒体传播工作的创新路径，深刻总结新形势新特点下加强网络思政教育的有效方法。聚焦找准网络思想政治工作着力点和落脚点，做好做优高校共青团新媒体工作等话题，为广大共青团工作人员及高校教育工作者等提供参考。

时代各有不同，青春一脉相承。时值党的二十大胜利召开、中国共产主义青年团成立100周年、北京航空航天大学建校70周年，我们期待并相信，本书能全面总结北航共青团新媒体工作成果，引领更多青年学子在新时代洪流中踔厉奋发、勇毅前进，激励更多同仁在新征程上不负使命、接续启航，奋力开创团学育人工作新篇章！

目 录 / CONTENTS

■ 序 章 ■

青春使命 | 2020 锐意进取，2021 携手奋斗 003
青春风采 | 2020 年分团委精彩回顾 012
青春启航 | 北航召开 2021 年共青团系统工作会 032
共青团北京航空航天大学委员会荣获
"2020 年度北京市五四红旗团委" 036

■ 第一章 青春领航 ■

《人民日报》（海外版）头版 | 这群北航人做起了"农民"，
破世界纪录、获国家荣誉！ 045
2020 年团校、研究生英才训练营启动仪式
暨首场专题报告会举行 057
在北航 | 他，中国大学生自强之星标兵！
全国 10 位，北京唯一！ 060
北航！两场学生大会！ 064

北京航空航天大学第十六届"五四奖章"答辩会
暨北航优秀青年事迹展示成功举办 ………………………… 071
他们，每个人都了不起！北航校园最亮的星！ ………… 074
这，就是北航青年！ ………………………………………… 080
青春明史，红心向党｜党史学习专题研修班嘉兴红色
实践行 …………………………………………………………… 099
从天安门到鸟巢，北航人向党表白，登上热搜！
燃！帅！美！ ………………………………………………… 102
总书记亲切会见，北航学子勇担当！
《新闻联播》报道！ ………………………………………… 119
"请党放心，强国有我"主题团日 ……………………… 124
北航第二课堂全新启动 …………………………………… 146

第二章 文化育人

列队完毕，请检阅｜北航青年为中华人民共和国
成立70周年献礼！ …………………………………………… 151
【艺研所】抗疫朗诵大会，小艺帮你请来了"北航声线"，
声控不可错过！ ……………………………………………… 157
【北航舞台】毕晚云回顾——"我和我的北航"，
小艺在这里等你哦！ ………………………………………… 175
回顾｜"百团"＆迎新晚会＆校歌赛，
一展北航青年风采 …………………………………………… 179
声震九霄！愿所有北航人不负韶华，光芒万丈！ …… 188
音乐与歌声献礼诞辰，永远跟党走 …………………… 193
震撼！4个全国一等奖！北航人，美 …………………… 196

重磅首发 | 高燃！北航学子原创歌曲《红船》，
祝百年大党生日快乐！ 203
飞吧！精彩社团，助力成长 211

第三章 实践探索

线上实践展风采，北航学子在行动！ 221
冬奥来了！这位世界冠军在北航开讲！ 227
喜报！北航获评这个全国十佳！为他们点赞！ 238
这个冬奥最高的项目，北航人，来了！
倒计时一周年！央视报道！ 245
高山故事我来续写！服务冬奥，北航准备好了！ 253
百年薪火，青春芳华！正式启动！ 261
建党百年，北航志愿者践行"请党放心" 265
青年服务国家！首都高校科技志愿服务总队
成立仪式在北航举行！ 271
《吕梁日报》报道！
这一年，如何玩转"科普教学"？ 275
《固原日报》报道！
在泾源，打造有温度有意义的支教！ 280
这项全国活动，首都高校学子展风采！
科创强国，有北航！ 286
"志愿同心，聚力同行"我校 2021 年度十佳志愿者评选
暨志愿服务表彰会成功举办 293

第四章 双创引领

首届颁奖！全国仅 10 名，2 位北航人获此殊荣！
厉害了！ 303

北航将举办这个全国大学生"奥林匹克"盛会，
决赛日程先睹为快！ 305

今夜，决赛开幕！向着"挑战杯"，出发！ 312

刚刚，北航再捧"挑战杯"，赛事最高荣誉！
6 个项目全获特等奖！ 319

团体第一，首次捧杯！
这项双创赛事，北航学子传来喜报！ 326

国家示范！入选！北京航空航天大学！ 333

夺冠！北航再捧首都"挑战杯"！ 346

北航学子，再破世界纪录！ 357

全国亚军！主赛道 5 金 1 银！
第七届"互联网+"大赛，北航学子，赞！ 367

序章

青春使命 | 2020锐意进取，2021携手奋斗

◆ 推送日期：2021年1月8日

2020年，在学校党委领导下，北航校团委坚持以习近平新时代中国特色社会主义思想为指导，深入学习贯彻习近平总书记关于青年工作的重要思想和关于教育的重要论述，贯彻落实党的十九大和十九届二中、三中、四中、五中全会精神，在疫情防控常态化的背景下，坚守学校党的青年工作阵地，立足思政引领先锋队、人才培养突击队、学生组织建功队职能定位，围绕中心任务，变革工作机制，激发内生动能。

以习近平新时代中国特色社会主义思想引领青年，持续发挥共青团组织动员优势，持续提升各类育人平台育人效能，聚焦思想引领、团学组织、创新创业、文化艺术、实践育人等领域，强化五个"着力"，建设完善"领航、砺航、创航、艺航、志航"五位一体工作体系，坚持校院共振、本研联动、师生协同，扎实做好党风廉政建设和校内巡察整改工作，取得了一定工作成效。

思想引领　领航先行

坚持理想信念教育，培养青年与时代同心同向。在疫情来临之时，我们进行了"疫情下的陪伴""为'战疫'助力""疫情在家生活指南"等思想引导，通过青年大学习平台进行抗疫、五四青年节等主题学习。

■ 五四青年节新闻海报

■ 学习习近平总书记回信的推送

积极贯彻文件精神，持续强化基层团组织教育。组织学习习近平总书记回信贺信及重要讲话、《习近平谈治国理政》第三卷、《习近平与大学生朋友们》等，覆盖团员青年3万余人次。实地走访调研学院书院全覆盖，发放问卷调查6316份，细致把握学生思想动态及发展需求。紧跟国家形势，对光盘行动、习近平总书记的回信、总书记在学联会上的贺信、全国抗疫表彰大会等社会热点新闻进行深入学习和思想交流。

新冠肺炎疫情暴发，我校学子在一线抗疫，各书院、学院、北航红十字会、研究生支教团等一大批北航青年自发组织起来积极抗疫，共产党员在这次抗疫斗争中发挥着先锋模范作用。

其中，我校飞行学院余汉明同学的抗疫事迹被新闻联播报道，在由共青团中央、全国学联指导，《中国青年报》、新东方教育科技集团联合开展的"中国大学生自强之星"奖学金评定中，荣获"中国大学生自强之星标兵"称号，成为北京地区唯一一位获此称号的大学生。

■ 中国大学生自强之星标兵：余汉明

组织建设 砺航固基

■ 共青团系统工作会

开展全覆盖工作调研,把握共青团工作重点难点。2020年我校首次召开共青团系统工作会,集合学校智慧为共青团工作建言献策。会议分为学习传达、工作交流、专题报告、座谈发言等环节,聚焦立德树人根本任务,贯彻落实学校暑期工作会精神,研究部署学校共青团重点工作。

2020年10月,团市委大学中专工作部部长刘炳全一行莅临我校调研北航共青团工作。他对北航的共青团工作表示高度赞许和肯定,对未来共青团的发展提出了三个深化。希望北航团委能进一步深化共青团在学生思政工作中

■ 刘部长一行来我校调研

的价值引领;深化共青团在学校人才培养中的创新实践;深化共青团在群团改革发展中的角色担当,努力领跑新时代的共青团工作。

做好党的助手和后备军,扎实开展基层团建;发挥贴近青年优势,丰富团学教育形式。团校建设取得成功,组织了包括参观军博主题博物馆、素质拓展训练在内的一系列活动,巩固了团校建设。

2020年12月13日,北京航空航天大学第三十二次学生代表大会、第二十一次研究生代表大会开幕会于晨兴音乐厅举行。北京航空航天大学党委副书记程波,校团委、学生工作部、研究生工作部、优秀提

案建设单位、各学院（书院）分团委负责人，北京市学生联合会主席李秋甫，兄弟高校学生会代表及各代表团与会。

■ 团校参观军博　　■ 团校素质拓展训练　　■ 学生代表大会

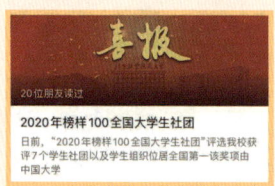

聚焦中心任务、持续深化学生社团改革，7个学生社团获评"2020年榜样100全国大学生社团"，居全国第一。

科技创新　创航建功

持续完善创新创业实践育人体系，获评国家"大众创业万众创新示范基地"。

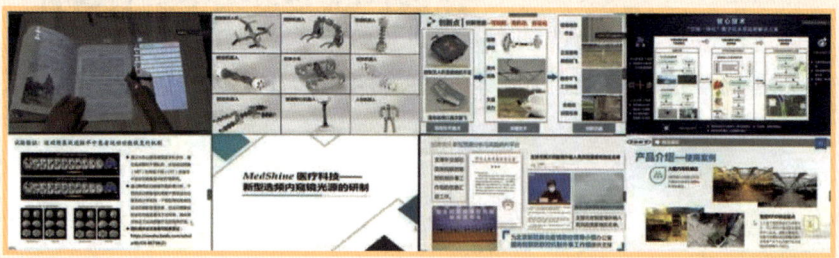

■ 我校获得金奖的项目

2020年暑假期间，我校优秀学子担任了青少年科学营的辅导员，在其中有着出色的表现。积极开展项目选拔培育，在2020年"挑战杯"首都大学生创业计划竞赛中最终获得8项金奖、6项银奖、1项铜奖，以团体总分

■ 我校捧得第十二届"挑战杯"

第一名的成绩首次捧得"挑战杯"首都大学生创业计划竞赛最高荣誉"挑战杯",这是我校继2019年"挑战杯"首都大学生课外学术科技作品竞赛、第十六届全国"挑战杯"竞赛先后捧得最高荣誉后,在青年大学生创新创业高水平竞赛中实现"三连冠"。

15项北航参赛作品全部获奖

序号	项目名	学院	第一作者	指导教师	奖项
1	深光alight 新一代AR桌面计算机	软件学院	冯翀	王海泉、徐东	金奖
2	小软教育机器人	网络空间安全学院	智强	王俊	金奖
3	"优翼"可自由起降的吸附式微型固定翼无人机	航空科学与工程学院	葛云松	胡天翔、屈秋林	金奖
4	(ISET)机器人辅助农业智能化生产产业链	机械工程与自动化学院	蒋布辉	王田苗、侯涛刚	金奖
5	航奕生物科技——寄语脑机接口的脑卒中康复外骨骼	自动化科学与电气工程学院	潘康	郭玉柱	金奖
6	MedShine医疗科技——新型选频内窥镜光源的研制	生物与医学工程学院	索艳莉	岳蜀华	金奖
7	治安云——信息时代传染病分析预测与风险研判平台	计算机学院	石浤潏	王静远	金奖
8	灵翼科技——无人机多光谱遥感水体数字化检测	航空科学与工程学院	何冬雨	文东升、张俊	金奖
9	声讯科技全域声场重建及生源定位系统	自动化科学与电气工程学院	流星雨	赵龙飞	银奖
10	零悟科技——雷达智能感知技术及应用	高等理工学院	梁怀远	王向荣、曹先彬	银奖
11	航智农联——乡村电商产销运链条策连接方案	生物与医学工程学院	何源	赵圆	银奖
12	aCutout抠像大师——基于深度学习的智能抠像软件	软件学院	邓坤权	王海泉	银奖
13	悦动乐译——高校翻译平台全国推广	外国语学院	高铭鞠	刘威	银奖
14	Deepfake-killer: AI换脸智能检测系统	计算机学院	赵博	冷彪	铜奖
15	声形科技——同轴液滴包裹超声生成平台	能源与动力工程学院	国林	富庆飞	铜奖

由共青团中央、全国学联联合举办的第十九届全国大学生机器人大赛ROBOCON绿茵争锋线上比赛正式落幕,北京航空航天大学机器人队奋力拼搏,荣获全国赛一等奖,打出了重建队伍以来最好成绩。此外,在第十九届全国大学生机器人大赛ROBOCON机器马术仿真赛上,北航机器人队在全国62支参赛队伍中脱颖而出,获得全国一等奖。

■ 北航机器人队合影

■ 创青春—中关村 U30·2020 年度优胜者榜单

■ 深光科技CEO冯翀

2020中关村论坛上,我校2019级在读研究生、深光科技CEO冯翀与其余29位高精尖领域创业青年共同斩获创青春—中关村U30·2020年度优胜者,同时他也是该榜单中最年轻的优胜者。

第23届中国北京国际科技产业博览会在京举办。我校2018级硕士研究生、幻思科技CEO潘佳义携创业项目幻思科技(台州)有限公司参展,在首都青年科技展区,向来自全国各地的参展者展示了首都青年的创新创造能力。

■ 科博会上团市委书记李军会参观项目

我校高研院2017级本科生、行政管理专业的李韵在《中国行政管理》期刊发表高水平论文。我校2017级本科生姜泽超发表高水平论文。我校生物与医学工程学院本科生马天翔发表高水平论文。我校2017级化学学院本科生李响发表高水平论文。

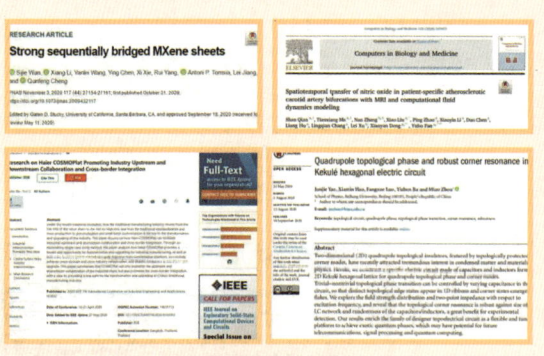

社会实践　志航铸力

践行立德树人根本任务,完善社会实践育人体系。学校获评第六届全国"最佳实践大学",全国共10所、北京地区仅1所;"传承之焰""心起点"实践队获评全国"优秀实践团队"。

■ 北航获评2020年"最佳实践大学"

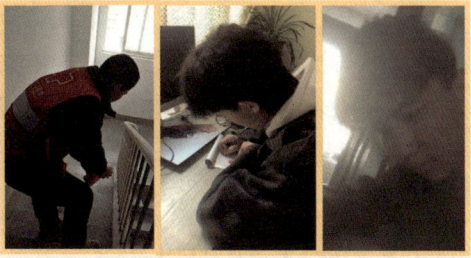
■ 北航学生积极参与各种志愿服务活动

疫情期间,"90后"的北航学生在武汉抗击疫情,北航青年与抗疫一线医务人员家庭手拉手。北航学子在暑期社会实践、研究生支教团等教育扶贫实践中都有着出色的表现。

全国教育新闻联播也连线两位北航学子,进行了视频连线采访。我校同学还进行了种类多样的志愿服务活动,包括2020服贸会、迎新志愿服务、2020童博会、冬奥会、支教等一系列有意义的志愿服务工

■ 全国教育新闻联播视频连线

■ 北航各类学生实践队

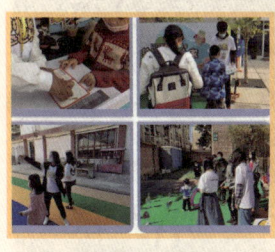
■ 童博会志愿者

■ 服贸会志愿者

■ "燃动青春 助力冬奥"
北京冬奥宣讲

■ 山西河底小学支教

■ 线上实践答辩

作，均有出色表现。

引领学生投身志愿服务，展现青年奉献担当。引导学生以各种形式踊跃参与抗疫志愿服务工作，全校共6789人次参与，涌现出一批以余汉明为代表的优秀志愿者，充分展现了新时代北航学子的奉献、担当和青春风采。

文艺体育　艺航育才

依托互联网平台，探索文化艺术教育新模式。疫情期间，新媒体学院通过自己的作品向抗疫英雄致敬。开展多场高水平演出，提升美育成果覆盖面。开学后，组织了学生原创歌曲大赛、"百团大战"、迎新晚会、校歌赛等形式丰富的校园活动。

■ "百团大战"　　■ 迎新晚会　　■ 校歌赛

■ 罗阳音乐剧

深度结合学校航空航天特色，在美育中弘扬科学精神。罗阳音乐剧成功上演，原创话剧《正·无穷》首演成功，"少年强，则国强"晚会成功举办。为了加强学生的体育锻炼，组织同学们参加"一二九"微型马拉松比赛，丰富了同学们的校园生活。

■ 原创话剧《正·无穷》首演成功　　■ "少年强，则国强"北航年终诵读专场

　　2021年，校团委将继续紧紧围绕总书记提出的关于共青团工作的"三个根本性问题"，深入贯彻学校党委指示精神，精谋细耕、持续发力。力求在同庆建党百年、"十四五"启航奋进的时代愿景下，充分履行学校共青团的责任。构建"大实践"育人体系，推动科创实践高质化、艺术实践普及化和社会实践精准化，引导青年学生在学思践悟、知行合一中树立制度自信。力求在学校立德树人工作格局中找准切入点和落脚点，落实共青团根本任务。融入"大思政"工作格局，以久久为功的态度不断强化共青团特色思想引领，深抓基层工作，将新一轮团学改革推向纵深，以抓铁有痕的决心筑牢高校团学意识形态阵地。力求在国家及学校改革发展的大势中，更好把握共青团的工作主线。树立"大服务"理念，高质量完成冬奥会等各项重大活动服务保障任务，高起点谋划新时代北航共青团闪亮育人品牌，高水平引领北航青年聚焦学校、放眼全国，建功新时代。

　　2020年已经过去，2021年正在向我们蓬勃走来。

　　新的一年，新的起点，和团团一起拥抱更加美好的明天吧！

青春风采 | 2020年分团委精彩回顾

◆ 推送日期：2021年1月11日

◎ 材料科学与工程学院

材料学院分团委在2020年积极组织学生参与社会实践活动，在2020年寒假立项17支实践队，获校级二等级1项；2020年暑期立项21支实践队，获校级一、二、三等奖各1项。同时培育了重点实践队

■ 社会实践经验分享沙龙活动

"传承之焰"支教团，该实践队获2020年第六届"寻找全国大学生百强暑期社会实践团队""优秀实践团队"30强、海淀区优秀文明实践志愿项目、榜样100全国最佳大学生社团等十余项市级、国家级荣誉，并多次开展社会实践经验分享沙龙活动，为其他实践队伍树立了良好榜样。

◎ 电子信息工程学院

电子信息工程学院分团委于2020年举行五场团干部培训会，其中春季学期线上举行两场，秋季学期线下举行三场。培训内容包含团支部基本知识、日常文案的撰写、领导力培训等，其中领导力培训由分团委书记主讲。系列团

■ 团干部培训会

干部培训覆盖2017、2018、2019三个年级的基层团干部以及分团委组织部全体成员，通过对团干部的基本团学知识和技能进行培训，提高了学院整体团干部工作能力，并由团干部辐射至所有基层团员，达到学院所有团员共同提高的目的。

◎ 自动化科学与电气工程学院

自动控制协会是自动化学院指导的科技类社团，驭远机器人大赛是自控协会的品牌竞赛项目，已成功举办六届。

11月29日，第七届"科沃斯杯"驭远机器人大赛初赛成功举办，大赛主题是异星突围。比赛分为上午场和下午场，共吸引了15支队伍参加。

■ 第七届"科沃斯杯"驭远机器人大赛

为了减少外部环境对比赛的干扰，比赛在低温、低照度的环境中进行，这也颇有在茫茫宇宙中异星突围的氛围。

经过一天的激烈角逐，大赛产生了初赛八强，将继续参加决赛。

◎ 能源与动力工程学院

■ 刘大响院士做主题讲座

3月18日19时30分，在纪念中国航空发动机之父吴大观先生逝世11周年之际，面对疫情下的大学、中学线上开学与企业复工的形势，培养青年们的航空情怀，激励在校大学生、高中生刻苦学习，激励在职青年人努力工作，北京航空航天大学能源与动力工程学院邀请刘大响院士在腾讯课堂做题为《中国航发人的精神丰碑——纪念吴大观先生逝世11周年》的主题讲座。

讲座受到全国各地大学、中学、航空领域单位的热烈响应。北京航空航天大学、西北工业大学、南京航空航天大学、湘潭大学、湖南工学院、江苏航空职业技术学院等高校师生、校友；中国航发606所、

■ 全国各地师生、家长观看直播

608所、624所、614所、011二所、410厂、420厂、430厂、460厂、第五七一九工厂、第五七一三工厂等单位;湖南祁阳一中、祁东一中、成都树德中学等全国各地中学的师生、家长、朋友们聆听讲座,最高峰值近8000人观看,活动关注度超两万。

◎ 航空科学与工程学院

建设传承航空报国精神的文化阵地。18年传承打造"飞豹杯"航空航天文化节品牌活动,开展了航空航天嘉年华、航空航天知识竞赛等系列活动,引领校园文化建设,培育航空报国情怀。坚持举办"引航讲堂"等师生面对面系列活动,邀请专家教授、青年教师、杰出校友与学生分享经验,促进师生互动与精神传承,疫情期间通过线上形式开展活动累计20余场,邀请嘉宾60余人;开学返校后通过报告会形式继续开展,覆盖全院800余名本科生,3000余人次参与。依托"微航空"公众平台,打造"起飞!航空学院,创造飞行!""亲手造一架航模"等系列网络文化作品,讲好北航故事,传播北航声音。

■ "引航讲堂"

◎ 计算机学院

学院加强创新创业教育,培养学生双创能力。在学校"冯如杯"

竞赛中，学院本科生科技实践指导委员会和导师加强立项指导，由辅导员进行过程监督，帮助学生开展科技实践活动。2020年，学院获得第三十届"冯如杯"竞赛团体冠军，实现史无

■ "冯如杯"竞赛项目展示

前例的九连冠。同时，学院承办2020年"蓝桥杯"软件赛，得到组委会的高度赞扬。学院学生在"龙芯杯"全国大学生计算机系统能力培养大赛、CCSP竞赛等舞台上也斩获颇丰。

◎ 机械工程及自动化学院

ISET创新团队以北航ITR实验室学生蒋布辉、苏浩鸿、张思洋、李明珏、王浩、王铈弘为主要成员，由王田苗教授和侯涛刚副教授对项目进行指导，并结合

■ ISET 创新团队

北航机器人研究所和北京交通大学自治系统研究中心技术力量。团队秉承"ISET理念"，以"智能(Intelligence)的产品设计、优质的产品服务(Service)、高效(Efficiency)的产品方案、先进的技术(Technology)"为基础，构建出智慧农业的完整产品体系。曾获"挑战杯"首都大学生创业计划竞赛金奖。

◎ 经济管理学院

化危为机，抢抓机会，提升思政教育效果。组织学院团员开展"凝聚青春正能量，众志成城抗疫情"线上主题团日。挖掘学院学生参加疫情防控工作的整体情况和先进典型，推出了《"战疫"中的经

■ 线上主题宣讲

■ 《正·无穷》话剧首演

■ 何源在走访调研

管学子——常欢、赵艳彬、吴祁颖》《"战役",我们在行动——经管学院本科生学习日侧记》《Mentor U1S1之科技抗疫》等专题宣讲,引导同学们透过疫情看中国特色社会主义制度的优越性,增强"四个自信"。

◎ 数学科学学院

2020年,数学科学学院分团委与北航学生话剧团共同制作出品大型原创话剧《正·无穷》,于2020年12月9日在沙河校区首演,华罗庚先生之子华光携夫人江泳出席,校团委书记庄岩、校宣传部副部长万丽娜和数学学院领导、师生共同观看。

◎ 生物与医学工程学院

抗疫期间,何源深入走访广西壮族自治区宁明县各乡镇,调研了解受疫情影响滞销的水果,成立助农企业帮助农户解决难题,直播带货,销售滞销水果万余斤,助力当地农户复工复产。凭借"航智农联——乡村电商产销运全链条连接方案"荣获首都大学生"挑战杯"创新创业大赛银奖。

◎ 人文社会科学学院

12月,人文学院分团委联合第二十二届研究生支教团宁夏团、新疆团举办"你的心愿我来圆"专项活动。

本次活动,人文学院分团委发动学院师生认领了宁夏回族自治区固原市泾源县新民中心小学和新疆维吾尔自治区吉木萨尔县第三小学学生的全部书籍及体育用品心愿。全院师生积极参与,共计集齐宁夏团心愿清单涵盖滑板、运动鞋、篮球和滑板车等物资41份；新疆团心愿书籍200余本。

■ "你的心愿我来圆"专项活动

◎ 外国语学院

本年度，外国语学院分团委带领学生会和外语文化协会，将品牌活动"外语文化节"继续发扬光大，以提质扩面为导向，力争辐射更多的学生，打造精品活动。本次外语文化节主要包括外语歌曲大赛、外语配音大赛以及英语话剧大赛三项活动。自文化节开幕以来，吸引了众多学生的关注，歌曲、配音及话剧三项活动报名人数均创新高，涌现了一大批优秀作品，使师生们在轻松活泼的氛围中感受外语文化的魅力。12月17日，外语文化节闭幕晚会在晨兴音乐厅成功举办，本次晚会以话剧开场，中间穿插4首

■ 外语文化节闭幕晚会

英文歌曲，最后以话剧收尾。在话剧中感受人物的悲欢，在歌曲中品尝人生百味，晚会为观众带来了一场视觉和听觉的饕餮盛宴。

外语文化节是由外国语学院主办、知行书院协办的特色品牌活动，自2011年起一直延续至今，成为深受广大同学欢迎和喜爱的北航校园文化活动。外语文化节旨在为广大学生搭建学习交流的平台，创造校园外语文化环境，提升学生跨文化交际能力及国际视野，助力打造开放包容的"北航Global Campus"；同时营造健康向上、格调高雅的校园文化美育氛围，以美育人，以文化人，促进学生的全面发展。

◎ 交通科学与工程学院

我校AERO-SEGWAY方程式赛车队在央视精彩亮相，2020年12月走进

■ 北航赛车队在中国大学生方程式汽车大赛中喜获3项二等奖

财经频道"2020中国汽车风云盛典"节目,受邀代表北京航空航天大学畅聊"造车新势力"。

2020年北航赛车队在中国大学生方程式汽车大赛中喜获3项二等奖。2020年是北航连续第11年参赛,作为该赛事的元老车队之一,成为少数几所同时拥有油车、电车、无人车的学校之一,充分发挥了北航的学科优势,彰显了北航人的工匠精神与创新能力。

◎ 可靠性与系统工程学院

在可靠性与系统工程学院分团委的指导下,靠改革·可小康实践队于辽宁省沈阳市王家窝堡村开展暑期线上实践。该实践队将基层农村的改革开放、脱贫攻坚工作情况作为观察点,以青年人的视角去观察这两项政策为中华大地带来的奇迹;以抗疫中的人民力量为精神点,深刻体会这场"人民战争"的波澜壮阔与其特殊的时代意义。在分团委的指导下,该实践队取得了丰硕的实践成果,获评北航2020年暑期社会实践二等奖。

■ 靠改革·可小康实践队

◎ 宇航学院

1970年4月24日,中国第一颗人造卫星"东方红一号"发射成功,使中国成为继美、苏、法、日四国之后第五个能制造和发射人造卫星的国家。为了纪念中国航天事业成就，发扬中国航天精神，将每年的4月24日设立为中国航天日。

■ 航天日海报

自2016年首个航天日以来，宇航学院连续五年举办庆祝活动，内容包括航天嘉年华、航天知识竞赛、航天学术讲堂、航天名家进校园等，还组建了航宇问天社会实践队，带领低年级同学亲赴酒泉、文昌卫星发射中心，制作了航天日百米长卷，持续宣传输出。

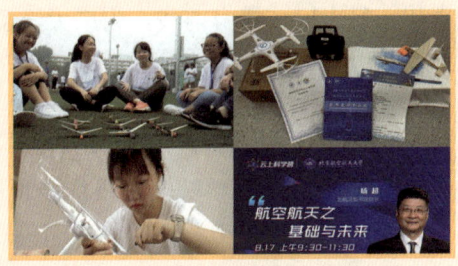
■ 云上科学营活动

2020年4月24日是东方红卫星发射成功50周年纪念日，时值疫情期间，航天日的庆祝活动也在线上如期展开。举办了空中航天文化节、线上航天科普、线上航天讲座、航天故事录音征集、微博话题互动、线上航天知识挑战赛等，在云端接续航天精神和优秀文化基因。

2020年青少年高校科学营采取网络参与互动的方式组织实施，共接待来自25个省份地区53所中学的营员师生270余人。本次云上科学营活动内容丰富、形式多元。活动内容包括云游大学校园、与名家大师面对面、参观重点实验室、参与线上科研实践、与朋辈互动交流。同时为营员邮寄资源包，让营员线上线下相结合，感受科技美丽，培养创新精神。

◎ 飞行学院

新冠肺炎疫情暴发，学院分团委第一时间利用公众号推送、抖音等新媒体传播，号召学院青年加入疫情防控青年突击队。疫情冲在

■ 云端"战疫"、扶贫带货活动海报

前,守护千万家,飞院青年近五十人投身志愿抗疫工作,其中以余汉明为代表的社区志愿者成为大学生青年榜样。他身处武汉,为社区居民代购的事迹被《新闻联播》节目、《人民日报》等媒体广泛报道,荣获"中国大学生自强之星标兵""强国青年"等称号。飞院青年心系人民,投身前线,为广大学子树立起新时代的青年榜样。

◎ 仪器科学与光电工程学院

为响应上级号召,让党的十九届五中全会精神扎根仪器学院,仪器科学与光电工程学院分团委加强顶层设计、夯实阵地建设,开展学习"党的十九届五中全会精神"团日活动,覆盖学院14个团支部的327名学生。

（一）练就过硬本领,锻造先进队伍

学院分团委书记李鹏老师为团学骨干开培训会,讲解团务知识、介绍学院工作、传达全会精神,以上率下讲思政。

培训会上李鹏老师与团学骨干们亲切交流,为大家答疑解惑。他鼓励干部们积极学习上级精神,并将学习成果融入团组织的日常活动,扮演好思想传播者的角色。

（二）学习会议精神,传达会议内容

各支部积极开展团日活动,利用主题团课、知识竞赛、集体观影等形式,带领支部成员共同学习习近平总书记在全会上的重要讲话精神和全会公报、规划等重要文件,让全会精神牢牢扎根仪器学院。

191711支部带领全体团员学习"十四五"规划建议,共同展望2035远景目标；191714支部开展讨论会,同学们结合时事,发表自己的看法,对我国发展面临的深刻复杂变化等问题进行重点讨论；181716支部的团员们分成小组,从实现"十四五"工作要求、

"十四五"时期经济社会发展主要目标等四个方面,对全会精神进行讨论和分享。

(三)读原著学原文,悟原理解疑惑

学院分团委制作并印发《习近平谈治国理政》第三卷学习资料册,摘选第三卷中5个重点专题的文章,且每个专题后都设置相关问题,组织各支部分阶段开展学习。

各支部充分利用资料册,带领团员读原著、学原文、悟原理、谈理解、讲感受,从原文原理中领会党的十九届五中全会精神,推动学习贯彻往深里走、往心里走、往实里走。

■ 各支部学习党的十九届五中全会

擘画蓝图指航向,学习奋进正当时。仪器学院将继续把学习党的十九届五中全会精神作为当前和今后一个时期的首要政治任务,充分发挥新媒体优势,创新做好宣传阐释,切实把思想和行动统一到全会精神上来。

◎ 北京学院

北京学院依托"科技及社会实践"这门特色博雅课程,鼓励全院学生在实践中受教育、长才干,积极利用课外时间参与志愿服务活动。平均每位学生每学期参与志愿服务活动不少于30小时。

在北京航空航天大学2020年度十佳志愿者的评选中,北京学院共有两

■ 滕昊和马逸行同学获评学校十佳志愿者

位同学荣获奖励。滕昊同学志愿时长累计达770小时,共参加37个志愿项目;马逸行同学在大学期间积极参与各种志愿服务活动,志愿时长达680小时。

北京学院始终将投身志愿作为发展学生的重要指向,坚持培养出具有社会责任感的优秀人才。

◎ 物理学院

物理学院于12月20日在咏曼剧场举办2020年度量子星光晚会暨颁奖典礼,物理学院全体党政领导与师生欢聚一堂。典礼表彰优秀师生代表,讲述优秀师生的故事,做好模范引领,弘扬爱国敬业正能量,引导学生勤学修德;歌舞表演与乐器演奏为现场师生带来视听享

■ 量子星光颁奖典礼

受。为统筹落实具有文化内涵的艺术教育,打造特色鲜明的文化品牌活动,物理学院已经连续十年举办量子星光颁奖典礼,表彰师生的具有古典文化特色的颁奖词皆为学生原创。

◎ 法学院

2020年12月,由工业和信息化部政法司、校党委宣传部、学工

■ "弘扬宪法精神,培育法治信仰"主题宪法宣传周系列活动

部、研工部、校团委主办，法学院承办，开展"弘扬宪法精神，培育法治信仰"主题宪法宣传周系列活动，聚焦生活中的宪法、法律知识，通过组织宪法晨读、普法学术沙龙、校园普法宣传、实务讲座、宪法宣讲等内涵丰富、受众广泛、特色鲜明的主题活动，面向全校师生宣传宪法精神和法律知识，总计覆盖1200余人次。借宪法宣传周契机，通过一系列普法宣传活动，为推动校园普法工作创新、营造"知法、懂法、守法"的校园文化氛围做出重要贡献。

◎ **软件学院**

2020年度软件学院分团委以培养学生的科技创新能力为宗旨，大力完善"低年级激发动力、高年级培育精品、本研一体孵化产品"的良性科技创新实践的生态圈。与字节跳动集团达成战略合作，共同主办第十届软件创新科技竞赛暨字节跳动创新杯，实现软件学院本科生科技竞赛参赛全覆盖，助力学院获得第二十九届"冯如杯""优胜杯"，学生团队获得创青春全国第四名、首都"挑战杯"金奖等荣誉。

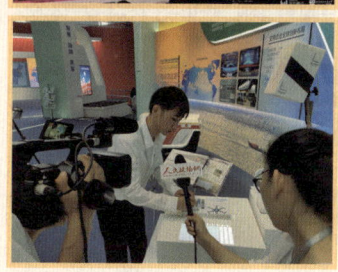

■ 学生团队获得创青春全国第四名、首都"挑战杯"金奖

◎ **高等理工学院**

为深入贯彻落实中共中央、国务院《关于全面加强新时代大中小学劳动教育的意见》，将劳动观念和劳动精神教育贯穿人才培养全过

■ 主题团日活动，联合后勤保障处开展劳动实践

程，发挥分团委组织青年、凝聚青年、服务青年的能力，让团员青年领悟劳动的意义价值，形成勤俭、奋斗、创新、奉献的劳动精神。高等理工学院分团委在12月8日组织主题团日活动，联合后勤保障处开展劳动实践，共建整洁、美丽的校园环境，推动文明绿色校园建设。

◎ 中法工程师学院

由校团委指导，依托中法工程师学院组织成立的北航定向越野协会在2020年11月参加北京市高校大学生徒步定向锦标赛中，在团体赛获得乙组（甲组为特长生，乙组为非特长生）团体总分第二名，短距离定向比赛荣获冠军。

■ 北航定向越野协会

■ 五四奖章获得者张路杨

在本届"五四奖章"评选中，我院2019级研究生张路杨同学成功被评选为"五四奖章"获得者。他品学兼优，各方面能力突出，在公派留学期间致力于搭建中法合作交流的平台，展现中国当代大学生的风采。

◎ 新媒体艺术与设计学院

2020年10月15日，新媒体艺术与设计学院2020年秋季学期本科生团支书工作会在逸夫科学馆210召开，学院全体本科生团支书参加了会议，分团委书记王杉老师主持会议。本次会议对学院新学期团组织工作做出整体部署，统筹安排《习近平谈治国理政》第三卷学习计划、团支部向党推优、发展新团员等具体工作，为各团

■ 新媒体艺术与设计学院2020年秋季学期本科生团支书工作会

支部本学期的工作明确重点方向、具体工作任务。会议最后，王杉老师与各位团支书进行了工作与学习上的交流，对各位团干部工作的方式方法进行指导，对大家提出的问题进行了深入的讨论与解答。会议为学院新学期团组织工作发展提供了充足的动力，取得圆满成功。

2020年10月25日是属于北航师生和广大校友的校庆嘉年华，配合北航有条不紊的疫情防控工作，新媒体

■ 新媒体艺术与设计学院分团委积极参与到校庆嘉年华的活动

艺术与设计学院分团委积极参与到校庆嘉年华的活动中来，开展了一系列具有北航情怀及新媒体特色活动，以此庆祝北航65岁生日。在摊位上不仅展出了具有宇航员和北航元素的印花帆布包、明信片、挂件等文创产品，还有炫酷的镭射手带、可爱的贴纸和独具特色的抽奖活动。这些产品吸引了众多北航校友的关注，这不仅体现了当今时代文创产业迸发出的活力，也展现了新媒体艺术与设计学院学生勇于创新的精神及对北航精神的深刻理解与热爱。

◎ 化学学院

青春由磨砺而出彩，人生因奋斗而升华。在新时代、新青年、新担当的大背景下，在新冠肺炎疫情大事件下，为鼓励北航学子将国家需求与自身理想抱负相结合，从疫情防控实际需求出发，结合专业知识开展疫情防控科学研究和创新设计，普及疫情防控科学知识，化学学院举办了"新冠肺炎疫情防控化学创新大赛"。大赛面向全校征稿，实现了跨年级、跨学院、跨学科的大

■ 化学学院举办"新冠肺炎疫情防控化学创新大赛"

范围覆盖，涌现出了一批优秀的科普创作和创新设计作品，作品涵盖大一、大三、研一、研二、博一，横跨化学学院、材料科学与工程学院、数学与系统科学学院、北京学院、士谔书院、士嘉书院、冯如书院、守锷书院、致真书院。青年学子们用真才实学抗击疫情，展现了当代青年的使命担当。

◎ 人文与社会科学高等研究院

2020年，高研院分团委立足学院特点，围绕青年需求，助力学生成长，在学院成立10周年之际，协助学院举办人文与社会科学高等研究院成立10周年暨"新文科视域中的哲学与文化"论坛，对于深化同学们对新文科的认知，促进通识教育、专业教育与研究生教育结合，以及对同学们的学术职业规划具有良好的启发作用。

■ 人文与社会科学高等研究院成立10周年暨"新文科视域中的哲学与文化"论坛

同时，学院分团委进一步加强对第九届思想文化节的顶层设计，充实活动内涵，提升活动质量，在为期一个月的活动中先后举办了活动外场、学术讲座、学业交流、"影中思"观影、体育竞赛等活动，为传承和弘扬中华优秀传统文化，提高文化育人质量与水平，增强学生身体素质，培养德智体美劳全面发展的青年学子，发挥着积极作用。

◎ 空间与环境学院

中秋国庆双节并至，空环望月温暖相聚。为了让同学们度过一个健康、安全、温馨、欢乐的双节假期，空间与环境学

■ 中秋国庆特别活动"空小环邀你来望月"

院于10月1日至2日晚在沙河校区大钟广场举办了中秋国庆特别活动"空小环邀你来望月",邀请同学们通过专业天文望远镜观测圆月,体验皓月之美;科普探月工程知识,培养航空航天情怀;体验猜灯谜等趣味游戏,感受传统文化魅力。活动面向沙河校区全体师生,来自各学院和书院的近千名学生参与本次活动。

◎ 国际通用工程学院

"国通精神"系列精品微团课自2020年5月开始组织筹划,是我院分团委在国际化培养环境下,加强理想信念教育的一次具有创新意义的成功探索。微团课以团支部为载体,每月专题学习一个有海外留学经历的科学家的人物事迹,采取"团支部承包制"的做法,由支部自行组成备课团队和讲师

■ "国通精神"系列精品微团课

团,面向全院团员青年开展微团课,形成朋辈间的交流互动。微团课让每一位团员都深度参与其中,讲出思考,学有所获,引导国通学子探寻留学初心、牢记报国使命,努力成长为国家需要的高水平国际化创新型人才。

◎ 网络空间安全学院

习近平总书记强调,没有网络安全就没有国家安全,要深入开展网络安全知识技能宣传普及,提高广大人民群众网络安全意识和防护技能。网络空间安全宣讲团隶属共青团网络空间安全学院志愿服务部。在新时代背景下,网络空间安全专业学生组建宣讲团

■ "讲好网安故事,普及网安知识"宣讲

对人才培养，增强学生使命感责任感，普及网络安全知识具有重要意义。宣讲团已经成功举办了四场"讲好网安故事，普及网安知识"宣讲，以专业视角讲述网络安全防范知识，获得了良好的反馈。

◎ 士谔书院

■ "战疫"专题思政课学习

为落实学校关于"讲好防疫抗疫故事"的工作部署，士谔书院联合马克思主义学院组织了"战疫"专题思政课学习，作为书院疫情防控时期学生集体团课和入党积极分子培训的必修环节。系列课程开展了16场直播教学，累计近9000名师生在线上进行了学习，成为疫情防控期间学校入党积极分子培养环节的思想盛宴。时任校党委书记曹淑敏观看了课程直播并寄语青年学生。《中国教育报》2020年4月20日头版头条，对创新专题思政课纪实进行报道。

◎ 冯如书院

2019年，"冯如三号"的"一飞冲天"创下了中国首个无人机续航时间的世界纪录，彰显了北航青年的创新力量。2020年，"冯如三号"学生创新团队，不忘初心、牢记使命，在向科技顶峰进军的路上书写自己的青春故事。5月20日，在学校各级领导的见

■ "冯如三号-100型"为建党100周年献礼暨破纪录飞行活动

证下,"冯如三号-100型"为建党100周年献礼暨破纪录飞行活动正式启动,团队克服疫情影响的重重困难,完成了多项关键技术的突破。2021年是"十四五"的开局之年,也是伟大的中国共产党建党100周年,团队有信心、有决心完成"冯如三号-100型"100小时不间断飞行的壮举,以青春之奋斗、青春之辉煌为中国共产党百年华诞献礼!

◎ 士嘉书院

士嘉书院分团委举办"学习十九届五中全会精神,研讨新时代强国战略"主题团日活动。积极创新主题团日活动形式,采用了"翻转课堂"的创新形式,提供同学们展示和表达自己观点的机会和平台。团支部同学们以十九届五中全会中的"强国战略"为切入点,分成10个小组研讨10项强国战略,在主题团日活动现场交流研讨,这充分调动了同学们参与主题团日活动的积极主动性。士嘉书院分团委将以本次主题团日为样板,以深入学习研讨新时代强国战略为主要方向,激励青年团员将个人成长成才与国家的前途命运相结合,全面推进十九届五中全会精神学习。

■ "学习十九届五中全会精神,研讨新时代强国战略"主题团日活动

◎ 守锷书院

为庆祝中华人民共和国成立71周年,献礼北航建校68周年,2020年11月7日、8日晚19:00,北航学院守锷书院大型原创话剧《百年守锷》在沙河校区咏曼剧场上演(共两场)。1000余人次师生观看演出。话剧根据屠守锷院士生平事迹创作,全面展现了北航建校元老、

"两弹一星"功勋奖章获得者、航天四老之一屠守锷院士光辉璀璨的一生,诠释了屠老坚守信念、兢兢业业、谦虚礼让、一身正气的守正精神,讲述了屠老勇担大任、殚精竭虑、勤奋拼搏、敢于创新的精神。话剧由人民艺术剧院青年编剧王甦编剧,中国艺术研究院李唸导演执导,在北航党委宣传部、校团委和党委学工部的指导下,由守锷书院学生话剧团创排完成。

■ 守锷书院大型原创话剧《百年守锷》

◎ 致真书院

致真书院"仰望星空,扬帆远航"合唱比赛,由致真书院分团委学生会承办,活动覆盖致真书院2020级全体新生。活动前期为自制合唱比赛服装环节,学生自己设计班徽图案、亲手绘制文化衫作为比赛服装;之后的合唱环节以"仰望星空,扬帆远航"为主题进行选曲,许多班级融入了乐器、舞蹈、说唱等颇具感染力的形式。活动现场氛围随着不同曲目时而严肃、时而感人、时而铿锵有力。此次合唱比赛引导学生思想积极向上,极大发挥了学生的主观能动性,丰富其课余生活,增强学生归属感、认同感,增强班级凝聚力,传承书院家文化。

■ 致真书院"仰望星空,扬帆远航"合唱比赛

◎ 知行书院

知行书院面向2019级学生开展第三届"社科杯"学术竞赛。整体工作井然有序,通过前期"社科杯"预告提高学生参与兴趣、通过组织前辈经验分享进行朋辈交流传承,在统筹规划下,"社科杯"正式赛程、赛后统筹皆顺利进行。"社科杯"的根本目的是鼓励大家开展课外科研,积极参加校院级学术科研竞赛,提高知行学子对高水平品牌赛事的参与程度,营造学生敢于创新的良好学术氛围。本届"社科杯"共有47篇参赛作品,其中一等奖4篇,二等奖7篇,三等奖10篇。获奖作品后续被推至"冯如杯"参赛,获得创意大赛二等奖、学术科技竞赛二等奖、三等奖的好成绩,每一项成就都体现了知行学子积极进取的学术追求。

■ 第三届"社科杯"学术竞赛

青春启航 | 北航召开2021年共青团系统工作会

◆ 推送日期：2021年3月12日

2021年北航共青团系统工作会

■ 共青团系统工作会

■ 学生工作部部长董卓宁

■ 研究生工作部部长宋晓东

3月9日下午，我校共青团系统工作会在如心会议中心中报告厅召开。学生工作部、研究生工作部负责人，校团委全体人员和各学院、书院团委书记，后勤保障处优购商贸中心团支部、培训中心团支部、保安中队团支部代表，以及学生会、研究生会、学生社团代表出席会议。会议由校团委书记庄岩主持。

会议分为集体学习、工作部署、分享交流、总结讲话四个环节。在集中学习环节，学生工作部部长董卓宁从四个方面解读了习近平总书记在党史学习教育动员大会上的讲话，并对团学干部学党史提出了要求：要把党史的学习融入日常，做到干部个人带头学习，带动身边青年学生，营造全员学习的氛围；同时要与日常工作统筹结合，切实为学生办实事。

研究生工作部部长宋晓东就进

一步加强本研协同，从工作的认识上、定位上和方法上提出了工作建议，希望大家掌握好八大本领、七种能力，特别是要提升群众工作能力，并狠抓落实。

在工作部署的环节，校团委副书记刘洋就创新实践、志愿服务、社会实践等方面，校团委副书记孟宪博就党史学习、文化艺术、社团管理、学生会改革、第二课堂等方面做了详细解读和部署。

■ 校团委副书记刘洋

■ 校团委副书记孟宪博

在分享交流环节，机械工程及自动化学院、人文社会科学学院、飞行学院、仪器科学与光电工程学院、冯如书院等学院的5位团委书记就各院共青团工作和新年度工作计划进行了经验交流与分享。

■ 机械工程及自动化学院

■ 仪器科学与光电工程学院

最后，校团委书记庄岩做总结讲话。他强调了共青团系统要坚决落实学校党委的工作部署，全力推进团市委的工作任务，立足大局，开拓创新、锐意进取、深入一线、务求实效。要聚焦学校年度工作要

■ 人文社会科学学院

■ 飞行学院

点，依托学生工作系统三横三纵的工作格局，校院联动、深化协同，以高度的责任感、敏感性和执行力，扎实做好党史学习、冬奥志愿服务、创新创业等九个方面的重点工作，以优异成绩庆祝中国共产党成立100周年。

2021北航共青团系统重点工作

一、党史学习

面向全体青年团员，贯彻落实上级关于学习任务的部署。

依托团校党史专题学习和"青年大学习"、主题团日专项活动，开展线上线下多维度学习。

二、创新实践

深化"冯如杯"竞赛改革，营造校园创新氛围。

优化学校创新创业人才培养机制。

三、志愿服务

高质量完成冬奥会及冬残奥会志愿服务工作。

强基础、重谋划、扬特色，打造一批展现北航地位、体现学生能力、突出专业特长的志愿服务项目。

四、社会实践

加强社会实践与思政教育、专业学习、创新创业、劳动教育的融合。

组织好"北航青年红色足迹"航空科普万里行和"百年薪火，青春芳华"暑期社会实践。

五、文化艺术

办好红色经典音乐节和"北航脊梁"大师剧展演。

打造群众性强、传播性强、时代感强的文化艺术实践活动。

六、学生会建设

贯彻落实《北航学生会组织改革实施方案》，深化校院两级学生会改革。

小中心大外围，围绕中心工作开展"为师生办实事"活动。

七、学生社团建设

守牢意识形态阵地，进一步强化规范管理。

聚焦人才培养目标，高质量做强社团活动。

八、第二课堂

做好"博雅成长记录"（第二课堂成绩单）试点工作。

从学生成长成才需要出发，统筹规划和建设德智体美劳第二课堂育人体系。

共青团北京航空航天大学委员会荣获"2020年度北京市五四红旗团委"

◆ 推送日期：2021年5月4日

■ 共青团北京航空航天大学委员会获评"2020年度北京市五四红旗团委"

日前，"2020年度北京市五四红旗团委"评选结果公布，北航校团委光荣获评。

"北京市五四红旗团委"，由共青团北京市委员会、少先队北京市工作委员会、北京市人力资源和社会保障局主办，是北京团市委授予北京市基层团组织的最高荣誉，旨在进一步巩固和加强共青团基层基础建设，激发基层团组织活力，增强基层团组织创造力、凝聚力和战斗力。2020年度北京市共评选出100个政治能力好、组织基础好、班子建设好、发挥作用好的五四红旗团委，北航校团委荣获该项荣誉。

北航校团委坚持以习近平新时代中国特色社会主义思想为指导，深入学习贯彻党的十九大和十九届二中、三中、四中、五中全会精神，准确把握习近平总书记围绕共青团工作发表的一系列重要论述精神，坚守思政引领先锋队、人才培养突击队、学生组织建功队的职能定位，围绕中心任务，变革工作机制，激发内生动能，2020年重点推进共青团体系化建设，党领团行、本研联动、校院共振、师生协同，在思想引领、组织建设、文化艺术、实践育人、创新创业等领域开展了一系列工作，取得了一系列成效。

领航先行　着力提高政治站位　强化思政实效

坚持理想信念教育，培养青年与时代同心同向。疫情防控期间，为深入学习贯彻习近平总书记给北京大学援鄂医疗队全体"90后"党员的回信精神，先后组织开展"凝聚青春正能量，众志成城抗疫情""绽放'战疫'青春·坚定制度自信"大型主题团日活动，线上讲述青春抗疫故事，视频播放量1.4万次，近600人发表感想，实现本科生支部全覆盖。建党百年之际，校团委各部门联动配合，计划开展内容丰富、形式多样的党史学习教育活动。

积极贯彻文件精神，持续强化基层团组织教育。第一时间组织基层团支部读原著、学原文、悟原理，推动学习贯彻往深里走、往心里走、往实里走。开展总书记回信精神学习，组织《习近平谈治国理政》第三卷、《习近平与大学生朋友们》学习，覆盖团员青年3万余人次。2021年根据团中央要求，部署基层团组织组织化开展党史学习教育安排，结合"五四"主题团日活动，深度开展党史学习教育活动，引领广大青年学史明理、学史增信、学史崇德、学史力行。

评选先进典型，构建同辈精神力量坐标。积极挖掘和塑造团学优秀个人和群体，充分发挥榜样引领作用。全年共评选各级各类优秀团组织194个、优秀团学先进个人2580名。飞行学院2018级本科生余汉明荣获"中国大学生自强之星标兵"称号。

开展全覆盖工作调研，把握共青团工作重点难点。面向全体本科生开展了团学调研工作，以"线上问卷+实地走访"相结合的模式调研学院书院实现全覆盖。重点把握现阶段学生思想动态、价值倾向和差异化需求，深入了解在组织建设、文化艺术、创新创业、本研一体化等工作中存在的实际问题，为后续工作提供了重要参考。

■ 先后组织开展"凝聚青春正能量，众志成城抗疫情""绽放'战疫'青春·坚定制度自信"大型主题团日活动

砺航固基　着力推动团学改革　强化组织建设

做好党的助手和后备军,扎实开展基层团建。扎实开展2020年度教育评议、团支部定级等基础团务工作,全年共发展125名优秀青年成为团员,向党推荐1376名优秀团员作为发展对象。

■ 团学培训会、社团实践科考

发挥贴近青年优势,丰富团学教育形式。开展北航第27期青年马克思主义团学骨干培训学校,本研贯通,组织各学院书院、校学生会、社团、大学生科协等各级各类学生组织的263名骨干,进行课程学习及实践培训,课程设置围绕团学工作实务、理论政策研讨、理想信念教育和综合素质提升四大模块,全方位、多层次提升团学骨干的个人素养和工作能力。

加强基层组织建设,持续深化团学改革。深入推进学生会组织改革,统筹召开第32次学生代表大会、第21次研究生代表大会,通过校园提案与机关部处建立常态沟通机制。持续深化学生社团改革,强化社团管理体系纵向贯通、横向联动,7个学生社团获评"2020年榜样100全国大学生社团"。

创航建功　着力引领创新创业　服务成长成才

积极开展项目选拔培育,在"挑战杯"竞赛中取得优异成绩。选派15个项目参加第十二届"挑战杯"首都大学生创业计划竞赛,共获得8项金奖、6项银奖、1项铜奖,以团体总分第一名的成绩首次捧得赛事最高荣誉"挑战杯",在青年大学生创新创业高水平竞赛中实现

"三连冠"。在11月份结束的全国"挑战杯"创业计划竞赛中,我校以两金一银五铜的成绩,连续四届获得"优胜杯"。

推动"冯如杯"竞赛改革,形成系统化创新创业教育体系。本年度以线上形式举办"冯如杯"竞赛,共有2959件作品,累计5315人次参赛。首次实现全网络评

■ 参加各类双创比赛

审,共有713项作品参加直播答辩,累计答辩时长超过100小时。通过总结"冯如杯"三十年办赛经验,"挑战杯""互联网+"等高水平双创赛事的备赛经验,逐步形成了一套体系化的学生创新创业项目选拔培育流程。

艺航育才　着力融合时代元素　落实美育使命

依托互联网平台,探索文化艺术教育新模式。举办北航首次线上毕业晚会"2020请回答",首次实现原创音乐剧《罗阳》线上线下同步全网直播,两次线上直播共计约24万人次观看,向全网观众展示了北航人的青春活力和精神底色。疫情期间,我校高水平艺术团创作了《有一种爱不变》《身在方寸,心存万千》等线上抗疫作品,以艺战"疫",塑造了"逆行者"的英雄群像,歌颂了坚韧顽强的生命

■ 各类艺术作品和晚会

意识，讴歌了崇高伟大的人性光辉。

开展多场高水平演出，提升美育成果覆盖面。全年累计开展校级大型文艺演出30余次，覆盖观众1.3万余人次；针对不同艺术需求的学生和教师群体开设艺术类专场课程共7场，参加课程人数2000余人次；组织学生艺术团三次参加中央电视台节目录制。

深度结合学校航空航天特色，在美育中弘扬爱国精神。挖掘科学先贤的感人事迹，我校以《罗阳》音乐剧为基础，推出了一系列传播正能量、弘扬科学精神的优秀作品，包括讲述我校元老林士谔先生成长、求学和科研经历的话剧《永恒》，以平凡小事展现杨为民先生献身国防事业的话剧《为民》，讲述建校元老、"两弹一星"元勋屠守锷先生一生光辉事迹的话剧《百年守锷》，以及展现华罗庚一生传道授业、攀登科学高峰的话剧《正·无穷》，引导学生"观前辈、演前辈、学前辈"，用优秀的文化作品演绎北航人空天报国的使命担当。参与筹办"唱支歌儿给党听"首届北航艺术节学生歌咏比赛，讴歌中国共产党百年光辉历程和伟大贡献，庆祝中国共产党走过百年光辉历程。

志航铸力　着力发挥平台优势　强化实践育人

践行立德树人根本任务，完善社会实践育人体系。以"我和我的祖国"及"'战疫'中国力量，决胜全面小康"为主题，引导青年学子讲好"战疫"故事。全年共有1589支团队、5211人次，前往全国30个省级行政区参加实践活动。运用大数据平台完成每日安全报备，确保实践活动平稳顺利进行。我校获评2020"最佳实践大学"，"传承之焰""心起点"实践队获评全国"优秀实践团队"。目前已经开展"百年薪火，青春芳华"2021年北京航空航天大学社会实践启动仪式，接续2020，用实际行动践行初心使命，续写青春篇章。

引领学生投身志愿服务，展现青年奉献担当。引导学生以各种形式踊跃参与抗疫志愿服务工作，全校共6789人次参与，涌现出一批以余汉明为代表的优秀志愿者。组织志愿者参与服务2020年中国国际服务贸易交易会、2020中国童书博览会，近千名志愿者参与服务2020级新生校内校外迎新工作，充分展现新时代北航学子的奉献、担当和青春风采。举办北京冬奥宣讲团专场宣讲会，截至目前已有超4000名在校师生报名志愿者。完善研究生支教团工作机制，创立新媒体平台，开展"航空航天兴趣周"等活动，被中国网、中国青年网等报道。举办冬奥宣讲团专场宣讲会，选拔冬奥储备志愿者535名，完成"相约北京"系列冬季体育赛事雪上测试活动延庆赛区志愿者工作。

　　北航校团委将砥砺前行，坚决落实学校党委的工作部署，全力推进团市委的工作任务，立足大局，开拓创新、锐意进取，深入一线、务求实效，以高度的责任感、敏感性和执行力，扎实做好党史学习教育、冬奥志愿服务、创新创业、文化艺术、社会实践、团学改革等重点工作，以优异成绩庆祝中国共产党成立100周年。

■ 参与各类社会实践

第一章　青春领航

《人民日报》（海外版）头版 | 这群北航人做起了"农民"，破世界纪录、获国家荣誉！

◆ 推送日期：2019年5月7日

奋斗是青春最亮丽的底色，无数新时代的中国青年正在一步步的扎实奋斗中，实现人生价值。在纪念五四运动100周年之际，让我们听听身边的北航人，挥洒奋斗汗水、唱响青春之歌的动人故事。

今天，《人民日报》（海外版）头版，报道获得"中国青年五四奖章集体"的北京航空航天大学"月宫一号"团队。

■ 《人民日报》（海外版）头版，报道获得"中国青年五四奖章集体"的北京航空航天大学"月宫一号"团队

第一章·青春领航

青春，在"月宫"里闪光

本报记者 叶子

《人民日报》（海外版）（2019年05月07日 第01版）

"在劈波斩浪中开拓前进，在披荆斩棘中开辟天地，在攻坚克难中创造业绩，用青春和汗水创造出让世界刮目相看的新奇迹！"在纪念五四运动100周年大会的讲话中，习近平总书记这样鼓励新时代的中国青年，这让在大会现场聆听讲话的刘慧激动不已。

045

1987年出生的刘慧，现在是北京航空航天大学生物医学高精尖中心的博士后，加入北京航空航天大学"月宫一号"团队已有9年。2018年5月，团队完成"月宫365"实验，创造了世界上时间最长、闭合度最高的密闭生存实验纪录，标志着中国在生物再生生命保障技术领域达到世界尖端水平。"月宫一号"团队也由此获得第23届"中国青年五四奖章集体"荣誉。

"我是未来月球上的农民"

2018年5月15日，是刘慧人生中的一个高光时刻。当北京航空航天大学校园中的一座白色圆顶建筑——"月宫一号"的舱门开启，刘慧和另外3位志愿者走出舱外，把在"月宫"种植的大豆、小麦、胡萝卜、西红柿、辣椒等，分发给舱外等待的人群。这意味着"月宫365"实验成功结束。从2017年5月10日到2018年5月15日，共有两个乘员组的8名志愿者在全封闭的"月宫一号"实验舱中连续驻留370天，系统闭合程度达98%。

■ 2018年1月26日，"月宫365"实验第二次换班期间，8名志愿者在舱内"会师"

探索浩瀚苍穹，一直是人类孜孜不倦的追求。一个现实的问题是，当人类进行更长时间、更远距离的太空探索，宇航员的生存物资就不能仅靠携带或由地面补给，必须建设一个"地外生命保障系统"。而在这项技术应用到宇宙空间前，要在地面构建地基模拟实验验证系统，"月宫一号"团队由此而生。

作为中国第一个、世界上第三个空间基地生物再生生命保障地基综合实验装置，"月宫一号"像一个"微缩版的地球生物圈"。总面积160平方米、总体积500立方米的空间内，有1个综合舱和2个植物舱，舱内仅靠灯光启闭模拟日出日落，能够实现4人所需的全部氧气和水、大部分的食物在系统内循环再生。

有限的空间里，乘员们栽培了5种粮食作物、29种蔬菜作物、1种水果。虽然也是"日出而作、日落而息"，"月宫"里的体验却很不同，仅小麦一种作物，每周就要收获3次。按刘慧的说法："我就是'未来月球上或者火星上的农民'。"

370天里，志愿者们重复"播种、收割和脱粒"这一植物耕作流程160余次，监测记录健康数据700余次，采集2000多个唾液、尿液、粪便样品以及口腔、材料表面和空气的微生物样品，采集废物处理系统样品50余次。此外，志愿者们还克服了幽闭环境内"遮窗""断电""延迟出舱"等种种困难。刘慧说，进入"月宫一号"，就像直接把你送到"外太空"，"这绝对是这个世界上最伟大最梦幻的经历"。

"能够作为团队代表现场聆听习近平总书记对我们青年一代的要求和嘱托，我感到非常荣幸，备受鼓舞。我们一定牢记总书记的嘱托，脚踏实地开展研究工作，让青春在奋斗中闪光，力争为航天强国多做贡献。"刘慧说。

"永久奋斗的好传统一点都不能丢"

在地球上模拟建设一个地外星球的闭环生命保障系统，听起来很酷，难题也不少。自2004年成立以来，在"月宫一号"总设计师、北京航空航天大学生物与医学工程学院刘红教授的带领下，"月宫一号"团队在十余年间突破了30余项关键技术。

例如，为了解决"动物蛋白"供应问题，团队成员从一千多种可食昆虫中筛选出了富含蛋白质同时易于饲养的黄粉虫，解决了整个系统的关键技术难点。在搭建"月宫一号"期间，室外38度、舱内温度40度是团队成员们的常规工作环境，艰苦的工作环境丝毫没有阻止大家的工作热情和工作效率，最终"月宫一号"装置在短短6个月内顺利完工。截至目前，团队累计发表SCI论文100余篇，主编专著3部，已获授权发明专利35项。

除了创新和拼搏，"月宫一号"的团队成员还有一个特点，那就是青春和奋斗。这支由北京航空航天大学骨干教师和硕博研究生组成的科研团队，现有39名成员，其中35岁以下青年35人，占比近90%。

1992年出生的易越加入团队已经5年了,他是"月宫365"实验舱外保障人员代表,主要负责系统内水质监测。作为团队代表,他也参加了纪念五四运动100周年大会。

"我们青年永久奋斗的好传统一点都不能丢,这是我们的信念和责任。"易越一直在从事"月宫一号"项目的转化技术——基于生物电化学技术的水质综合毒性预警系统研发。他表示,未来将会深耕细作,进一步完善水质综合毒性生物电化学预警系统的测试和运行,同时积极探索在北京市实地水质监测试点的可行性,为中国水环境监测事业做出力所能及的贡献。

"我有一所房子,面朝月球,春暖花开"

"从明天起,关心粮食和蔬菜。我有一所房子,面朝月球,春暖花开。"正如这段团队成员改编的诗句一样,多年来,"月宫一号"团队一直有个"月宫梦"。

成员们还记得,2018年2月15日,"月宫365"实验进行到第280天时,正值农历除夕,舱外实验人员与舱内乘员志愿者无一人缺勤,大家在完成科研任务之余,一起度过了一个永生难忘的春节。舱内4名乘员用自己种植的食材包了饺子,做了果蔬拼盘和花馍,吃上了"月宫"里的年夜饭。

成员们也难以忘记,2013年,当"月宫一号"建设完成并成功试运转,受邀来华进行学术研讨的外国专家们被这个世界上首个由"人—植物—动物—微生物"构成的四生物链环人工闭合生态系统所深深震撼。

目前,"月宫一号"团队已取得大量宝贵实验数据,使中国在载人航天生物再生生命保障领域走在了世界前列。奋斗仍在继续。他们一边等待可以将生命保障系统带到地外环境测试的合适机会,一边拓展系统在地面极端条件下的

■ 2017年12月18日,世界顶尖科学杂志《自然》在其官网上发布了2017年最佳科学图片,共计14幅,"月宫一号"入选

应用性。

"这个项目主要针对月球、火星等地外基地,同时还可以应用于高原、极地、岛礁、深海、深地等具有重要国防或科研价值的极端环境,或者应用于现代农业、环境保护与生态科学研究当中。"据刘红透露,青海无人区的一个在建科考站,正委托"月宫一号"团队配备生命保障系统。

易越告诉记者:"我亲身经历了'月宫一号'首次长期密闭实验和'月宫365'实验,见证了团队从国际载人航天生命保障领域的后起之秀,一步步走向世界领先舞台的精彩历程。作为团队一员,我感到无比骄傲。对于未来,我比任何时刻都充满自信,相信这是一个最好的时代,奋斗是青春最亮丽的底色!"

■《光明日报》刊载《"月宫一号"团队:梦在星辰大海》

5月4日的《光明日报》,也在综合新闻2版头条报道了《"月宫一号"团队:梦在星辰大海》。

为"月宫一号"团队点赞!

接下来,小萱带你了解更多关于此次"中国青年五四奖章"的情况,先到颁奖现场看一看。

4月28日上午,共青团中央、全国青联对第23届"中国青年五四奖章"获得者进行了表彰,授予中铁九桥工程有限公司电焊工特级技师王中美等30人第23届"中国青年五四奖章",北京航空航天大学"月宫一号"团队等13个青年集体"中国青年五四奖章集体"。

■ 第23届"中国青年五四奖章"颁奖仪式现场

第一章·青春领航

颁奖词简洁有力！

颁奖词

立报国之志，敢为人先；为广寒问月，逐梦前行。他们勇挑重担，攻坚克难，研制出了世界领先的生命保障实验装置，创造了密闭生存实验的世界纪录，因为他们，月球生存将不再是一个幻想。

在现场，代表团队受奖的两位"月宫一号"成员，心潮澎湃，难掩激动。

■《新闻联播》报道"中国青年五四奖章"评选活动

■ "月宫一号"团队博士易越（左）和博士后刘慧（右）作为代表到现场领奖

■ 团中央书记处第一书记贺军科为北航"月宫一号"团队代表颁奖

■ 颁奖仪式结束后北航"月宫一号"团队成员代表合影

■ 生物与医学工程学院部分学子在颁奖现场合影

> 这一荣誉是对代代月宫人工作的肯定，也是对现有团队成员的鞭策和鼓励。我们将付出更多努力、更多的汗水，继续秉持月宫"六有"精神——有梦想、有热情、有豪情、有勇气、有干劲、有担当，潜心研究，不断创新，拿出更高的成果，追逐航天强国梦，回报社会，服务于人民。我也相信我们的团队在未来一定会再创辉煌。
>
> ——"月宫一号"团队成员　刘慧　博士后

> 回想5年的时光，亲身经历了"月宫一号"首次长期密闭实验和"月宫365"实验，见证了团队作为国际载人航天生命保障领域的后起之秀，一步步走向世界领先舞台的精彩历程。作为团队一员，我感到无比骄傲；对于未来，我比任何时刻都充满自信，相信这是一个最好的时代，付出一定有收获；相信我们的团队能继往开来，再创辉煌。
>
> ——"月宫一号"团队成员　易越　博士

他们还在人民大会堂，参加了4月30日的纪念五四运动100周年大会，登上央视《新闻联播》。

"中国青年五四奖章"简介

"中国青年五四奖章"是共青团中央、全国青联授予中国优秀青年的最高荣誉，旨在树立政治进步、品德高尚、贡献突出的优秀青年典型，反映当代青年的精神品格和价值追求。

一同被授予第23届"中国青年五四奖章"的青年集体，还有四川航空刘传健机组、四川省凉山州森林消防支队西昌大队、FAST工程调试团队等。在凉山州森林消防支队西昌大队的救火英雄上台时，全场掌声雷动，经久不衰，向在扑救木里森林火灾中牺牲的30位英雄致以最高敬意。

小萱的老朋友们对"月宫一号"团队一定不陌生，但你知道吗？他们不仅是续写飞天梦、创造世界纪录的科研团队，也是一支年轻的队伍，35岁以下青年占比近90%。

他们被海内外近百家媒体报道，是"中华人民共和国65年十大引智成果"，也是全国高校"百个研究生样板党支部"。再一起了解一下！

■ "月宫365"实验第一次换班期间，志愿者们在舱内"会师"

"月宫一号"团队

北京航空航天大学"月宫一号"团队是一支由骨干教师和硕博研究生组成的青年科研团队，现有成员39名，35岁以下青年35人，占比近90%。

"月宫一号"团队自2004年成立以来，始终践行"空天报国、敢为人先"的北航精神，以我国深空探测发展具有重大意义的生物再生生命保障系统为主要研究方向，成功研制出了我国第一个、世界上第三个空间基地生物再生生命保障地基综合实验装置"月宫一号"，创造了世界上时间最长、闭合度最高的密闭生存实验纪录，将我国生物再生生命保障技术的发展推向世界领先的舞台。

团队荣誉

团队获奖

"中华人民共和国65年十大引智成果"
2015年度"中国高等学校十大科技进展"
全国高校"百个研究生样板党支部"
中华人民共和国工业和信息化部"工信先锋"
"2014北京榜样"特别奖
2016—2018年度北京航空航天大学"五星"党支部
2016—2018年度北京航空航天大学先进党支部

2012—2014年度北京航空航天大学"优秀党日"活动一等奖

个人获奖

国家奖学金（刘光辉，易越，高寒，赵婷）

"第十届中国大学生年度人物"提名奖（董琛）

国防技术发明奖二等奖（刘红）

2019年度全国五一巾帼奖章（刘红）

2018年度北京市优秀毕业生（赵婷）

2018年度北京航空航天大学"研究生十佳"（刘光辉）

2016—2018年度北京航空航天大学校优秀党支部书记（易越）

2017年度北京市优秀教师（刘红）

2017年度北京航空航天大学"五四奖章"提名奖（刘光辉）

2017年度北京航空航天大学校长奖学金"优秀科技创新团队"（刘慧，秦有才，刘光辉，易越，高寒）

2016年度工信部创新奖学金一等奖（王敏娟，董琛，刘慧，刘光辉，易越）

2016年度北京航空航天大学校长奖学金"优秀学生干部"（易越）

2016年度北京航空航天大学优秀研究生（刘光辉，易越）

2016年度北京航空航天大学优秀学生干部（易越）

2015年度北京市先进工作者（刘红）

2015年度北京市师德标兵（刘红）

2015年度北京航空航天大学"五四奖章"（董琛）

2015年度北航榜样"学海领航之星"（董琛）

2014年度北京航空航天大学校长奖学金"优秀科技创新团队"（董琛，王敏娟，梁雪，孙伊）

第28届北京航空航天大学"冯如杯"竞赛科学探索特别贡献奖（刘光辉，伊志豪，刘慧，刘佃磊）

有梦想，有热情，有豪情，有干劲，有勇气，有担当。这是北航"月宫一号"团队中深入人心的"六有"精神。

此前，生物与医学工程学院研究生"月宫一号"党支部获评全国高

■ "月宫一号"党支部在新文化运动纪念馆进行党日活动

■ "月宫一号"团队在舱内

校首批"百个研究生样板党支部",它是依托刘红教授领衔的"月宫一号"科研团队成立的纵向党支部。

支部将"月宫一号"团队追求的月球梦与中国梦的伟大复兴紧密结合,牢记科学使命担当,服务重大国家战略。党支部成员弘扬志愿精神的事迹被人民网、China Daily等多家媒体报道。集体曾荣获"北京榜样"特别奖、工信部"先锋先进集体"、北航"五星党支部"、"先进党支部"、"优秀党日"一等奖等荣誉。

执着求索　勇攀高峰

习近平总书记指出,创新是引领发展的第一动力。"月宫一号"团队自2004年成立以来,始终牢记科技创新的使命担当,在刘红教授的带领下,在十余年间系统开展了从单元关键技术到系统基础理论与方法的研究,突破30余项关键技术,最终形成了一套完整的生物再生生命保障系统设计构建方法和技术,研制出了我国第一个、世界上第三个空间基地生物再生生命保障地基综合实验装置"月宫一号",累计发表SCI论文100余篇,主编专著3部,已获授权发明专利35项。

从2004年至今,为了尽快实现"月宫梦",团队成员们始终用极高的热忱和高度负责的专业精神去面对一切困难。在突破单元关键技术阶段,为了解决"动物蛋白"供应问题,团队成员从一千多种可食昆虫中,筛选出了富含蛋白

■ "月宫一号"团队在进行实验

质同时易于饲养的黄粉虫，解决了整个系统技术难点的"牛鼻子"。

2014年5月，"月宫一号"团队率先完成了我国首次长期高闭合度集成实验，经过三年的潜心研究与一年的密闭实验，团队又于2018年5月成功完成了为期370天的"月宫365"实验，创造了世界上时间最长、闭合度最高的密闭生存实验纪录。他们克服了幽闭环境内"遮窗""断电""延迟出舱"等种种困难，完成了长期实验。在370天内，团队其他成员均作为舱外保障人员，24小时坚守在自己的工作岗位上，实验期间的各种节假日乃至2018年的春节，也无一人缺勤，合力保障了"月宫365"实验顺利进行。

"月宫365"实验的圆满成功，受到了人民网、路透社等国内外主流媒体的广泛关注。这一研究成果先后入选中华人民共和国成立65周年来十大引智成果和中国高校十大科技进展，团队先后荣获"北京榜样特别奖""工信先锋"等殊荣。未来，团队还将继续相关研究，争取搭载机会，通过天地对比分析获得矫正参数和模型，进一步为该项技术应用于太空奠定坚实的技术基础。

勇当先锋　科普先行

习近平总书记指出，科技创新、科学普及是实现创新发展的两翼。"月宫一号"团队在坚持科技创新之余，也致力于科学普及工作。"月宫一号"科普基地开放参观以来，累计接待三万余人次，科普讲解时长累计上千小时。"月宫一号"科普基地在中国航天日面向社会群体开启开放参观，"月宫一号"实验模型还参展了全国科技活动周，真正做到了科技与大众"零距离"接触。此外，团队成员还轮班担任"月宫一号"参观接待人，多次为北京以及港澳台地区数千名中小学生带来精彩科普，为青少年播种太空梦。"月宫一号"团队还充分利用新媒介，依托"月宫一号"知乎专栏和微信公众号平台，定期发布科普文章、回答公众问题，为数万名粉丝带来最新科学知识和实验进展。精彩生动的网络宣传科普受到了热烈广泛的关注和好评，也让团队成员更加认识到沉甸甸的社会责任与自己的使命担当。

逐梦月宫　矢志不渝

卓越的文化与精神凝聚力是"月宫一号"团队持续发展的核心动

力。团队成立之初,刘红教授便提出了"六有"精神作为团队精神,为团队协作、共同奋斗打下了坚实的基础。2014年,研究生"月宫一号"党支部成立,进一步加强了团队的凝聚力。党员同志在科研工作中争先承担任务,树立模范榜样。经历短短四年成长,研究生"月宫一号"党支部先后获得全国高校"百个研究生样板党支部"、北航"五星党支部""先进党支部""优秀党日"一等奖等荣誉。

在团队"六有"精神与强大凝聚力的引导下,团队成员也将个人的成才梦与"月宫一号"的"空天梦"、国家的"强国梦"融为一体,追求个人的卓越发展。团队成员近四年来获得了"中国大学生年度人物"提名奖、工信部"工信创新创业奖学金"、国家奖学金、北京市优秀毕业生、北航校长奖学金、"北航榜样""五四奖章""十佳研究生"、优秀党支部书记、"'冯如杯'科学探索特殊贡献奖"等几乎所有北航研究生的最高荣誉。

岁月不居,时节如流。"月宫一号"团队的全体成员始终在努力奔跑。他们还将继续秉承永不停息的进取精神与创新开拓的科研精神,怀抱团结敬业的奉献胸襟与空天报国的情怀,实现北航人的远大抱负,矢志不渝地追逐"月宫梦",将金色青春献给祖国的航天事业。

2020年团校、研究生英才训练营启动仪式暨首场专题报告会举行

◆ 推送日期：2020年11月6日

日前，十九届五中全会胜利闭幕。为深入学习贯彻会议精神，激发北航青年学习热情，不负青春责任使命，11月5日19时，2020年北京航空航天大学团校、研究生英才训练营启动仪式暨首场专题报告会在晨兴音乐厅举行。研究生工作部、校团委、学生工作部负责人，专题报告会理论导师，北京航空航天大学第27期团校、第8期研究生团学干部进修班、第13期研究生英才训练营的380位学员与会。

■ 北京航空航天大学团校、研究生英才训练营启动仪式暨首场专题报告会

校团委书记庄岩为启动仪式致辞。他结合新时代、新机遇和新挑战对全体学员提出三点希望：一是坚定理想信念，不忘初心、砥砺前行。作为北航的青年，应当传承空天报国的爱国之心，树立远大理想，让理想信念在奋斗中升华。二是不断挑战自我，励志勤学，锻炼本领。青年要提高内在素质，锤炼过硬本领，

■ 校团委书记庄岩为启动仪式致辞

坚持砥砺求真，以真理的力量支撑实干的信仰。三是不畏艰难困苦，求真务实，笃实奉献。向抗疫中涌现的优秀志愿者学习，展现北航青年的责任与担当。他寄语全体学员

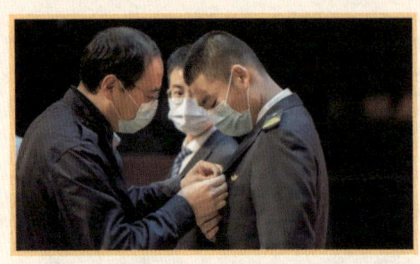

■ 学生工作部部长董卓宁为第27期团校学员代表佩戴团校校徽

■ 研究生工作部部长宋晓东为第13期研究生英才训练营小班长颁发聘书

■ 第13期研究生英才训练营小班长合影

■ 董卓宁为宋世明颁发理论导师聘书

在新的学年里提高政治站位，用心投入，敢于担当，以更加高昂的精气神做好学生工作，在矢志奋斗中谱写新时代的青春之歌。

学生工作部部长董卓宁为第27期团校学员代表佩戴团校校徽。研究生工作部部长宋晓东为第13期研究生英才训练营小班长颁发聘书。

为进一步加强团学青年骨干的培养质量，学校邀请知名专家学者和教授担任理论导师。本期培训聘请中央党校（国家行政学院）公共管理教研部副主任宋世明教授担任理论导师。宋世明是中央党校公共行政学科带头人，2014年入选"新世纪百千万人才工程计划"，第三批国家"万人计划"哲学社会科学领军人才。会上，董卓宁为宋世明颁发理论导师聘书。

团校学员代表、马克思主义学院研究生程奕涵同学表达了自己对团校学习的憧憬和期待，相信通过团校的学习，可以使她成为更坚定的青年马克思主义者，更好地团结带领身边同学坚定跟党走，奋进新时代！

启动仪式结束后，宋世明教授为本期学员做题为"推进国家治理体系和治理能力现代化"的专题报告。宋世明结合十九届五中全会精神,详细讲解了国家治理体系和治理能力现代化的重要理论内容,从时代背景、理论框架、实践要义三个方面深入浅出地揭示了如何把制度优势更好地转化为治理效能,为实现"两个一百年"奋斗目标、实现中华民族伟大复兴的中国梦提供有力保证。

北航团校、团干班、英才训练营是我校党团班干部骨干教育培训重要载体,长期以来培养了大批政治过硬、信念坚定、创新担当,实干有为的青年学子。今年,学校开拓、创新,将团校、研究生团学干部进修班和研究生英才训练营资源进一步整合,优化了课程结构,提升了授课质量,获得了学员的广泛认可。

■ "推进国家治理体系和治理能力现代化"的专题报告

■ 宋世明教授

■ 学员认真学习专题讲座

第一章 · 青春领航

在北航 | 他，中国大学生自强之星标兵！全国10位，北京唯一！

◆ 推送日期：2020年12月9日

今天是12月9日，85年前的今天，数千名北平大中学生举行了抗日救国示威游行，掀起了全国抗日的新高潮，是为"一二•九运动"。在这个充满纪念意义的日子，北航学子传来喜报！全国共10位，北京地区唯一一位，我校飞行学院本科生，余汉明同学荣获中国大学生自强之星标兵。

■ 中国大学生自强之星标兵

近日，由共青团中央、全国学联指导，经基层推荐、组织评定等环节，"中国大学生自强之星"奖学金评选结果揭晓。来自我校飞行学院2018级的余汉明同学荣获"中国大学生自强之星标兵"称号（全国共10位），成为北京地区唯一一位获此称号的大学生。

■ 余汉明 北京航空航天大学

他胸怀蓝天，立志报国，勇做担当有为的新时代中国青年。他参加中华人民共和国成立70周年庆祝大会群众游行活动，作为"关键抉择"方阵成员，用满腔爱国情献礼祖国华诞。新冠肺炎疫情暴发后，身在武汉的他，主动成为社区志愿者，为爱逆行，在疫情最危急的时刻持续工作44天，为100多户家庭买菜跑腿、上门送药，事迹被《新闻联播》《战疫情特别报道》等中央媒体栏目报道十余次。他受邀参加"同上一堂思政课——战'疫'青年说"宣讲活动，用奉献与责任讲述青春奋斗故事，用行动与担当践行"空天报国"使命。

 武汉社区抗疫"余师傅"

■ 关于余汉明的宣传海报和新闻报道

在今年疫情最为严重的时刻，家住武汉的余汉明积极报名参加社区志愿服务，他在申请成为志愿者的申请书中写道："为他人服务，既充实自己又帮助他人，何乐而不为？"

在成为志愿者前，余汉明与家人们全面考虑了疫情对身体可能造成的影响，经历了强烈的思想斗争，他仍毅然决然地投身其中，为"战疫"贡献力量。

在成为所在小区的第一名志愿者后，身着红马甲，无论是门岗值守、买菜跑腿，还是上门送药，他都尽职尽责，在居民眼中，余汉明已经成了可信可靠的"余师傅"。他的"战疫"事迹得到了央视《新闻联播》《朝闻天下》等电视节目和《长江日报》《湖北日报》等媒体的报道。

第一章·青春领航

国庆70周年方阵"排头兵"

余汉明一直以为祖国做贡献为荣，早在志愿工作之前，他参加过庆祝中华人民共和国成立70周年群众游行方阵。他说："做志愿者和参加阅兵仪式，同样让我感到自豪，因为我都是在为国家和人民群众奉献自我！"

穿上马甲，进入阅兵方阵，他是一位谱写青年之歌的青春志愿者；脱下马甲，成绩名列前茅的他，有着和所有年轻人一样的爱好：篮球、健身、拍短视频、参加各种志愿实践活动，他身上体现的正是一个中国当代青年应有的责任担当。

■ 庆祝中华人民共和国成立70周年群众游行方阵

北航首位"火线入党"大学生

永远冲锋在第一线的他，虽然并未正式入党，但已经用实际行动展示了对党的向往。通过线上会议的形式，余汉明面向党旗庄严宣誓，成为疫情期间北航第一名"火线入党"的大学生。如今的"全国大学生自强之星标兵"并不是终点，他将继续以实际行动践行"志在蓝天是梦想，更是责任"。

85年后，回望历史，重燃热血，重温史诗。北航举办"少年强　则国强：2020年终诵读专场暨一二·九文艺系列活动"。

通过诵读，向舍生忘死的抗疫英雄们致敬，为勇担使命的青年一代点赞。

■ "少年强　则国强：2020年终诵读专场暨一二·九文艺系列活动"

■ "青春抗疫,与国同航" 宣讲团　　■ 原创朗诵《长空》　　■ 原创朗诵《身在方寸,心存万千》

还有很多精彩节目,诵出中国青年的浩然之气。歌唱祖国,礼赞英雄,从来都是文艺创作的永恒主题,也是最动人的篇章。

无论是"余师傅",还是每一位北航人,都会将"空天报国"永远铭刻于心,践行爱国奉献、敢为人先的价值追求,用行动诠释初心,以实干不负使命,追寻梦想是青春的底色,勇担重任是青春的姿态。一起为北航学子点赞!

■ 声配舞《少年中国说》+《我心中的红》

第一章·青春领航

北航！两场学生大会！

◆ 推送日期：2020年12月15日

北京航空航天大学第三十二次学生代表大会、第二十一次研究生代表大会

全体人员举行默哀仪式

他们，是北航校园里一道亮丽的风景；他们，心系学校发展；他们，致力服务学子，一年下来，硕果累累。今天，团团带你去看这个会。

12月13日，北京航空航天大学第三十二次学生代表大会、第二十一次研究生代表大会开幕式于晨兴音乐厅举行。北京航空航天大学党委副书记程波，校团委、学生工作部、研究生工作部、优秀提案建设单位、各学院（书院）分团委负责人，北京市学生联合会主席李秋甫，兄弟高校学生会代表及各代表团与会。

12月13日是第七个南京大屠杀死难者国家公祭日，开幕式前，全体人员举行默哀仪式。

党委副书记程波代表学校党委对北航第三十二次学生代表大会、第二十一次研究生代表大会的顺利召开表示热烈祝贺。他指出，长期以来，学生会、研究生会在学校党委的坚强领导下，传承"空天报国"北航精神，切实融入学校人才培养和思政工作体系，为服务学校建设发展和学生成长成才发挥了重要作用。他从"坚定理想信念""涵养大气品格""锐意开拓进取""矢志艰苦奋斗"四个方面，对全校本科生、研究生提出了美好期望，希望北航学子争做具有"家国情怀、正直真诚、创新担当、实干有为"特质的北航人。也希望各级学生会、研究生会组织强化政治引领，贯彻全心全意服务同学的宗旨，坚持从同学中来、到同学中去，积极参与学校民主治理、提升为学生服务的质量和水平；围绕学校建设发展、立足同学成长需求，不断深化改革创新，组织动员全体学生，为建设中国特色世界一流大学共同奋斗。

党委副书记程波讲话

梁钰代表第三十一届学生会做工作报告

张斌晨代表第二十届研究生会做工作报告

梁钰代表第三十一届学生会做工作报告"在传承空天报国精神 担当民族复兴重任 团结北航学子在矢志奋斗中谱写新时代的青春之歌"，从"把握时代脉搏""立足问题导向""坚持服务宗旨""建设多彩文化""深化从严治会"五个方面回顾了过去一年学生会的工作，并从"回归本位""找准定位""同心同行""育信铸魂"四个方面对未来的工作改革做出展望。

张斌晨代表第二十届研究生会做工作报告"在传承空天梦 坚定跟党走 奋进新征程 为加快建设中国特色世界一流大学贡献青春力量"，从"思想引领""制度建设""学术实践""文体交流""学生权益""创新宣传"六个方面回顾了研究生会的工作。在未来的工作中,研究生会将积极总结经验,继续秉承"弘毅进取,志存高远"的会训,结合时代使命,把握时代脉搏,不断开创新的篇章。

■ 北京市学生联合会主席李秋甫、北京大学研会主席王佳明分别作为上级学联和兄弟高校学生组织代表向大会致辞

北京市学生联合会主席李秋甫、北京大学研会主席王佳明分别作为上级学联和兄弟高校学生组织代表向大会致辞,充分肯定了我校学生会、研究生会在过去一年中取得的突出成绩,对我校学生会、研究生会的改革发展表达了良好祝愿。

■ 校团委书记庄岩宣读优秀提案建设单位名单

■ 全体人员合唱校歌

校团委书记庄岩宣读了本次大会优秀提案建设单位名单。
开幕会在全体人员合唱校歌中落幕。

下午,第三十二次学生代表大会于新主楼第一报告厅举行。会上审议并通过了北京航空航天大学学生会章程(草案)、学生会提案工作报告、北京航空航天大学学生会主席团选举办法,完成了对第三十二届学生代表大会常任代表、第三十二届学生会主席团成员的选举。

■ 第三十二次学生代表大会举行

第二十一次研究生代表大会于新主楼第一报告厅举行。会上审议并通过第二十届研究生工作报告、关于修改研究生会章程的报告、提案工作报告,完成对第二十一届研究生委员会委员、第二十一届研究生执行委员会成员选举。

■ 第二十一次研究生代表大会举行

经审议通过,第三十二次学生代表大会、第二十一次研究生代表大会共同发出"奋进新时代,争做新青年"的倡议,号召北航全体同学在习近平新时代中国特色社会主义思想引领下,自觉承担起强国使命,秉承"德才兼备,知行合一"的校训,仰望星空怀揣梦想,脚踏实地阔步前行,以舍我其谁的魄力和焕然一新的风貌,在全面建设社会主义现代化强国的进程中,奋力谱写壮美的青春篇章。

■ 第三十二届学生会主席团成员

■ 第二十一届研究生会主席团成员

第三十二届学生会主席团成员名单：王宇阳，吕子良，李沛杉，梁珏，梁小湛。

第二十一届研究生会主席团成员名单：李师琦、张悦、陈御川、葛翼博、梁卜予。

校园主人翁意识：提案工作

学生会提案服务组立足同学成长发展需求，进行了广泛调查，整理汇总出23份提案。这些提案包含学生学习生活的方方面面。在学习科研方面，有优化TD制度、改进体育课程设施器材、公寓楼内增设夜间自习区等提案；在生活服务方面，有优化校园网计费系统、改善沙河校区食堂早餐等提案；在学生活动方面，有开设和管理开放式讨论空间、建立学院专属公共活动空间等提案。

■ 提案大赛 logo

优秀提案建设单位名单：研究生院、学生工作部、教务处、招生就业处、后勤保障处、信息化办公室、实验建设与管理处、体育部、图书馆、校医院、体育馆。

2020年北航学生会、研究生会工作回顾如下。

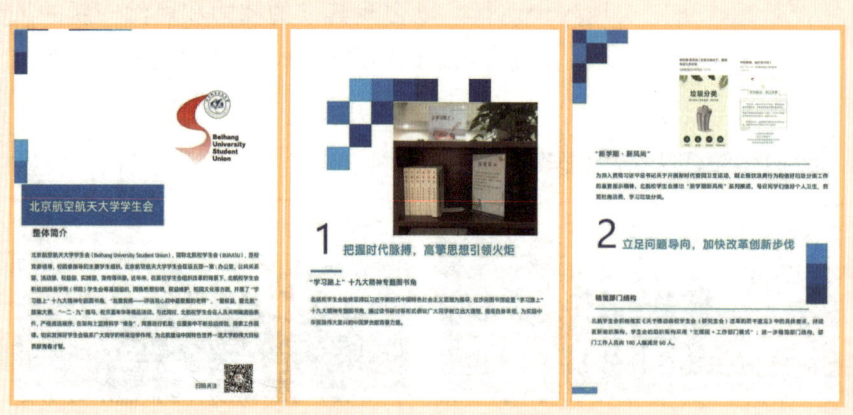

■ 2020年北航学生会工作回顾之一

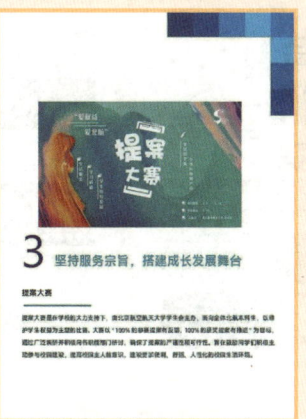

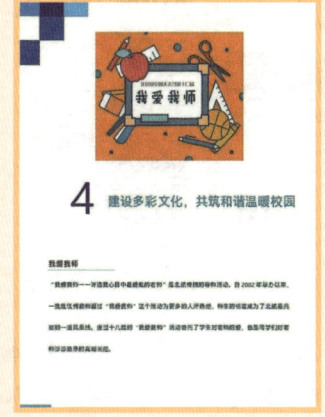

■ 2020年北航学生会工作回顾之二

第一章·青春领航

  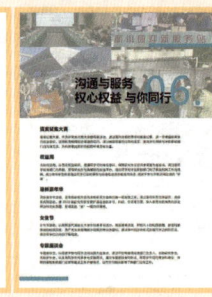 

■ 2020年北航研究生会工作回顾

  学代会、研代会和每位在校本研同学息息相关，是全体学生行使民主权利、参与学校民主管理的基本形式，是拓宽学校和学生联系的重要渠道。

  期待，青年学子力量让北航校园欣欣向荣！

北京航空航天大学第十六届"五四奖章"答辩会暨北航优秀青年事迹展示成功举办

◆ 推送日期：2020年12月24日

12月23日下午，为集中展示新时代北航青年的先进事迹、精神品格和价值追求，发挥青年榜样的示范作用，引导广大青年努力成长为德智体美劳全面发展的社会主义建设者和接班人，我校青年最高荣誉——第十六届"五四奖章"答辩会暨北航优秀青年事迹展示在学术交流厅举行。各评委会成员单位代表、立德树人奖和我爱我师获奖教师代表、部分学院教师代表出席答辩会并担任专业评审，来自相关学院的36位学生担任大众评审。

■ 第十六届"五四奖章"答辩会暨北航优秀青年事迹展示之一

本次答辩会共有22名候选人参加，分为本科组、硕博组和青年教职工组，候选人依次上台自我展示后，经过专家评委、大众评审逐一打分，现场产生12名优秀青年获得第十六届"五四奖章"，10名优秀青年获得第十六届"五四奖章"提名奖。

■ 第十六届"五四奖章"答辩会暨北航优秀青年事迹展示之二

本次答辩会暨北航优秀青年事迹展示展现了北航青年榜样的精神风貌和道德修养，激励每一位北航青年传承红色基因，发扬空天报国精神，为把我校建设成扎根中国大地的世界一流大学不懈奋斗，为实现中华民族伟大复兴的中国梦砥砺前行！

■ 候选人依次上台自我展示

第十六届"五四奖章"获奖名单

本科组		
序号	院系	姓名
1	能源与动力工程学院	楼雨抒
2	机械工程及自动化学院	夏宇辰
3	生物与医药工程学院	马天翔
4	物理学院	姜泽超
5	高等理工学院	汪喻坤
硕博组		
序号	院系	姓名
1	机械工程及自动化学院	黄晋国
2	经济管理学院	俎富豪
3	外国语学院	张颖坤
4	软件学院	冯翀
5	中法工程师学院	张路杨
教职工组		
1	后勤保障处	李 南
2	安全保卫处	杨帅文

第十六届"五四奖章"提名奖获奖名单

本科组		
序号	院系	姓名
1	材料科学院与工程学院	杜钇明
2	电子信息工程学院	徐申展
3	计算机学院	罗钧宇
4	仪器科学与光电工程学院	石佳卉
5	人文与社会科学高等研究院	李　韵
硕博组		
序号	院系	姓名
1	自动化科学与电气工程学院	郝黎明
2	航空科学与工程学院	邓高福
3	生物与医学工程学院	伊志豪
4	人文社会科学学院	严　凰
5	化学学院	蔡　智

他们，每个人都了不起！北航校园最亮的星！

◆ 推送日期：2021年1月12日

近一年来，北航师生先后入选全国"最美"人物。去年9月，"闪亮的名字：2020最美教师发布仪式"成功举办，我校戚发轫院士荣获"2020最美教师"。

在北航，像"最美大学生"余汉明一样，在学业、科研、社会服务等各方面的优秀代表还有很多。激昂青春理想，彰显青春力量，一起看看北航最亮的星——2020"沈元奖章"。他们发挥榜样引领作用，是北航奖励本科生的最高荣誉2019—2020学年"沈元奖章"获得者。

2020"五四奖章"，传承红色基因，践行空天报国，勇担时代责任，不断砥砺奋斗。他们是校团委授予北航优秀青年最高荣誉，第十六届五四奖章的获得者。

2019—2020学年"沈元奖章"获得者

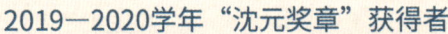

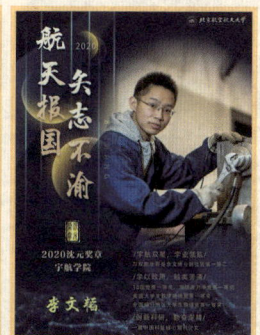

第十六届五四奖章获得者之学生组

第一章 · 青春领航

领航青春 —— 北京航空航天大学青年工作撷英（2019—2021）

第十六届五四奖章获得者之教职工组

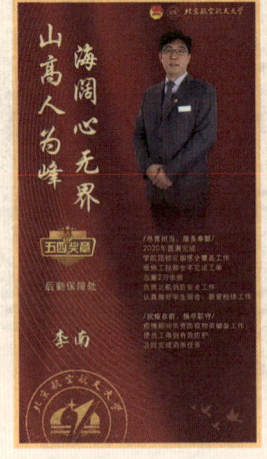

2020北航榜样，报效祖国，甘于奉献，自强不息，朝气蓬勃，个性化发展、差异化成才。他们是2020年"北航榜样"大学生年度人物获得者。

2020年"北航榜样"大学生年度人物获得者

■ 创新表率之星　高等理工学院　郑耀威

■ 创业拓梦之星　航空科学与工程学院　赵安民

■ 理论修养之星　材料科学与工程学院　张祁

■ 民族奋进之星　交通科学与工程学院　木热地力·阿布力米提

■ 青春榜样之星　电子信息工程学院　学院路13公寓405宿舍

■ 社会工作之星　材料科学与工程学院　胡述伟

■ 文体才艺之星　飞行学院　高宇城

■ 学海领航之星　宇航学院　李文博

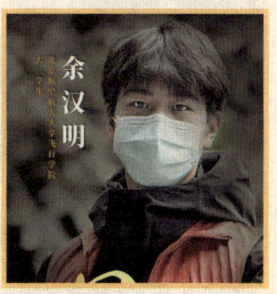
■ 志愿公益之星　飞行学院　余汉明

第一章·青春领航

■ 自强自立之星 外国语学院 孙玉晴
■ 尚德诚信之星 中法工程师学院 张路杨
■ 担当奉献之星 高等理工学院 汪喻坤

2020年研究生十佳，他们是北航骄傲，业绩优异，德智体美劳全面发展，用实际行动，践行锐意进取，书写自强不息。

博士组

硕士组

第一章·青春领航

还有很多优秀的北航学子，在各个方面绽放光华，一起为北航校园最亮的星点赞！2021，期待更多学子的精彩！

这,就是北航青年!

◆ 推送日期:2021年5月4日

今天是5月4日青年节,当代中国青年与新时代同向同行、共同前进,生逢盛世,肩负重任。

立大志、明大德、成大才、担大任,让青春在为祖国、为民族、为人民、为人类的不懈奋斗中绽放绚丽之花,是习近平总书记在4月19日考察清华大学并与师生代表座谈时,对当代中国青年提出的殷殷期望。

■ 校党委理论学习中心组组织专题学习会

习近平总书记的重要讲话,迅速引发北航师生热烈反响,大家在第一时间进行学习并将之化为扎实行动。

校党委理论学习中心组组织专题学习会,学习贯彻落实习近平总书记在清华大学考察时的重要讲话精神。

师生纷纷热议,表示要坚定前进信心,为服务国家富强、民族复兴、人民幸福贡献力量。

各单位组织多种形式的学习活动,座谈、报告、参观、调研……从党的百年伟大奋斗历程中汲取前进的智慧和力量。

■ 校新闻网发布"北航师生热议习近平总书记在清华大学考察时的重要讲话精神"新闻

■ 各单位组织多种形式的学习活动

两校区分别召开学生代表座谈会。

■ 学院路校区座谈会　　　　　　　　■ 沙河校区座谈会

第一章 · 青春领航

■ 时任校党委书记曹淑敏与学生代表座谈交流

时任校党委书记曹淑敏、时任校长徐惠彬，分别与学生代表座谈交流，校党委副书记程波领学。

曹淑敏高度评价北航学子展现出的朝气蓬勃和昂扬向上的精神状态。她强调，要在党史学习教育中坚定信仰、涵养家国情怀，要在学习生活中锤炼品德、坚守正直真诚，要在新时代中敢为人先、矢志创新担当，要在肩负重任中知行合一、致力实干有为。在实现中华民族伟大复兴的中国梦征程中做出更大贡献，迎接和庆祝中国共产党成立100周年。

徐惠彬强调，北航学子要有远大的理想抱负，追求更有高度、更有境界、更有品位的人生，立志成为国家栋梁之材。要有干事创业的信心，传承好北航的使命和担当，敢于啃硬骨头，主动扛起时代责任。要有坚韧不拔的意志品格，甘于坐"冷板凳"，不因一时的困难而退缩，在持之以恒地努力奋斗中实现人生价值。

■ 时任校长徐惠彬与学生代表座谈交流

座谈会上，19位北航学子代表，围绕学习习近平总书记重要讲话精神，结合自身经历交流心得感悟，他们在不同的领域发挥所长，展现了新时代北航学子的精神风貌，引领着年轻的力量与担当。时值"五四"，和小萱一起走进他们的故事吧！

王佳玮　2018级博士生　材料科学与工程学院

"激光增材制造"科研团队成员。开展激光冶金相关工作，参研多项国家自然基金课题、"两机专项"课题，立志为中国航空材料发展贡献自身力量。

在初步接手课题时，激光增材制造技术制备的镍基高温合金样品开裂严重，质量控制无法满足要求。为了解决开裂问题，我仿照课题组内其他合金的裂纹抑制手段，进行了大量实验，积累了很多数据，但是效果并不理想，开裂问题依然严重。机械地重复实验，失败的实验结果让我郁郁不得志，甚至有些丧失科研的信心。直到有一天，在组会的交流中，王华明老师说"科研不是简单的模仿，没有捷径可走，要从源头做起，踏踏实实一步一个脚印地进行"，这句话让我恍然大悟，我盲目的实验只是在照搬其他合金的成功方法，却自始至终没有对自己的内容进行思考。经

■ 学生代表王佳玮交流心得感悟

■ 王佳玮在实验室

过与课题组老师、同学的交流，我带着新的想法以及重新拾起的信心投入实验，果然问题逐渐解决，所得试样裂纹逐渐减少。

张祁　2020级博士生　材料科学与工程学院

■ 学生代表张祁交流心得感悟

习近平新时代中国特色社会主义思想研究生宣讲团成员。三年来创作讲稿10篇，宣讲42次，覆盖观众超过1500人，获得师生好评"专业性、思政味、报国情"，曾获评2020年度"北航榜样·理论修养之星"。

马克思说，思想本身只有转化为群众的实践才拥有真正的力量。为了践行我的信仰，我一直精读讲话、广查史料，确保每一次宣讲都准确而精彩。两年来，我讲过五四运动，讲过脱贫攻坚，讲过初心使命的

发展史，讲过现代化道路的形成历程。为了让宣讲更加生动，我也结合专业背景做了一些创新，比如疫情期间通过口罩制造这个材料背景很强的案例，联系到我国超大规模的制造业体系，最终归结为集中力量办大事的制度优势。高宁老师点赞说，这次宣讲有"专业性、思政味、报国情"。同学们说，宣讲一有货，二有趣。

■ 张祁在进行宣讲

其实，大家认可的不是我。真理的味道有点甜，信仰的味道最新鲜，实际上是大家汲取到了党史中的力量。

卢小祝　2017级博士生　电子信息工程学院

本科就读于清华大学，现师从苏东林院士。曾担任学院研究生党建辅导员和博士班党支部副书记。在学期间，担任多项型号电磁兼容专业的主任设计师。作为学生负责人参加国家级教学改革项目"电磁兼容理论及应用教学案例库"，研究成果已走进研究生课堂。

小时候，我的梦想是成为一名临床医生，可惜没能实现。现在，有幸跟随我的导师苏东林院士做电磁兼容方面的研究，我的梦想也算是实现了，只不过不是给人看病，而是给武器装备看病。……由于上周五临危受命，为了帮东部战区某旅解决某型歼击轰炸机因电磁兼容故障而停飞停训的问题，周末连续在机场奋战了两天两夜。……在目前紧张的东海局势下，如果我们的战机连天都上不了，那后果是不堪设想的。所幸的是，在开会前，我收到了该战机已重返蓝天并参加实弹训练的消息，所有的疲惫瞬间就都变成了力量。这让我更加坚定，北航和祖国的航空航天事业，是我最正确的选择！

■ 学生代表卢小祝交流心得感悟

楼雨杼　2017级本科生 能源与动力工程学院

2017年大类培养首届学生。入选吴大观英才班，已经以直播形式进入气动热力国家重点实验室。曾获北航"五四奖章"、"首都挑战杯"一等奖、北京市优秀团员、航空强国中国心创新奖学金。

北航学院的学术讲座平台，使我接触到了各个领域的专家学者，感受到了百家争鸣、思维碰撞。但是，在获取优质资源的同时，我也曾对研究方向产生困惑：我真的准备好投身航空发动机事业了吗？在我疑惑之际，导师李海旺老师对我说："年轻人

■ 学生代表楼雨杼交流心得感悟

■ 右一为楼雨杼

要把握时代潮流和国家需求，以航空发动机为例，这是一个需要你、值得你花一辈子时间去投入的伟大事业。"此后在一次座谈会上，我把自己当时的困惑向刘大响院士请教，刘院士勉励我："学航空发动机的青年党员要铭记使命，要有决心突破关键技术。"刘院士的鼓励更加坚定了我选择航空发动机事业的初心，坚定地选择航空报国。

周岳　2018级本科生 航空科学与工程学院

"冯如三号"科创团队成员。2018年作为北航学院冯如书院大一新生加入"冯如三号"团队，跟随团队攻坚克难创造世界纪录，打破了美国在该纪录领域38年的垄断，献礼中华人民共和国成立70周年。2021年随团队冲击100小时超长航时世界纪录。作为团队骨干，代表团队参加"挑战杯""互联网+"多项竞赛。

作为本科生，能够完成这样一架飞机是十分困难的。不仅要从无

■ 学生代表周岳交流心得感悟

■ 第一排右一为周岳

到有集成各大创新技术设计制造"冯如三号",又要在现有的技术上不断改进优化,寻找可突破创新的空间。但在我看来,我们现在就是最富有朝气、最具创造性的年纪,就应该去创造奇迹,才有了"冯如三号"四年四代的高强度迭代创新,留空时间的一个指数级跃增。……航空事业需要一批又一批的新鲜血液的注入。快节奏的学习、设计、制造、试飞,"跳一跳"才能够得着的目标,需要我们青年学子的专注务实作为基础。说干就干,立说立行。

陶家璇　2018级本科生　航空科学与工程学院

2018级海军双学籍飞行学员,任双学籍北航班区队长。曾获北京市第七届高校体质测试赛大二组第一名、第七届校园铁人三项邀请赛轮滑两项全国第四名等。2019年带领双学籍团体参加国庆群众游行方队,担任各大队教官组织训练,获评"北航国庆先进个人"称号,2020年获评年北航"航空学院年度人物"。荣立三等功一次。

2017级、2018级全体双学籍学员参加了北航"关键抉择"群众游行方阵。我们担任训练教官,在全校学生开训时,分散到各大队组织训练,配合老师、导员协同管理,指导帮助同学们统

■ 学生代表陶家璇交流心得感悟

一队列行进动作。集体合练时，我们又凝聚为方阵框架骨干，牢牢保持游行方阵的整齐度。不论是在群众游行方阵还是预备役方阵，我们都以自己的身体力行高唱祖国繁荣的赞歌。我们不改军人本色，勇挑重担，德才兼备，知行合一，用实际行动践行了总书记关于当代中国青年与新时代同向同行、共同前进的嘱托。

苑奕　2018级本科生　经济管理学院

热爱足球，在校园内积极推广体育运动。担任校足球队队员兼助理教练，随球队三年夺得两次全国冠军、两次北京市冠军；担任"北航足球队"公众号主编，宣传体育知识；担任普通生足球队代理主教练，组织指导日常训练以及比赛。

■ 学生代表苑奕交流心得感悟

我经常会问自己，身为体育生的我，能怎样回馈学校的栽培，该怎样帮助更多的学生了解足球、积极参与到足球运动中。在经历过职业足球青训的历练后，我发现中国足球基础还比较薄弱，群众普及度低，开展难度大，因此我在担任普通生足球队教练期间，坚持每周抽出一天时间带领队伍前往沙河校区进行训练，牵头举办校园甲级联赛，协办院系内的足球小班赛，以带动身边更多的同学参与到足球这项运动中，为北航营造良好的体育文化氛围。

伊志豪　2016级博士生　生物与医学工程学院

"月宫一号"学生科研团队成员。2017年作为"月宫365"实验志愿者在密闭空间中连续驻留200天，创下世界纪录，为未来月球、火星基地等载人深空探测任务提供了理论支撑。作为研究生"月宫一号"党支部书记，带领

■ 学生代表伊志豪交流心得感悟

党支部入选全国高校首批"百个研究生样板党支部",获北京高校先进党组织等荣誉。

入舱后,我们很快进入状态,舱内种植了粮食、蔬菜、水果等35种作物,完全是自给自足的。种小麦、收割小麦、磨面粉、蒸馒头,全是我们协作完成。我们还用舱内收获食材为志愿者过生日,做"月饼",配合《大国重器》第2季拍摄组完成了拍摄,配合《我有传家宝》栏目组与现场进行连线,既能放松自己,又能将月宫的故事向大众进行科学普及,自己在这个过程中感觉到确实做了有意义的事,不仅能为科学做贡献,也能服务社会大众进行科普。

■ 左二为伊志豪

陈昱伊　2020级博士生　交通科学与工程学院

■ 学生代表陈昱伊交流心得感悟

新能源汽车工程专业学生。努力钻研专业基础知识与技术难题,积极参与大创、"冯如杯"竞赛项目,锻炼自身能力,参与组建北航第一支无人驾驶方程式赛车队。

还记得在无人驾驶方程式赛车队锻炼的那段日子里,每天都迸发着创新的火花,让我每天充满能量。从组织架构建立、人员招募、分工到详细技术方案的制订与执行,都需要不停地为之奔忙,但我的心中第一次感觉到了使命与热爱的强烈共振。和队友们熬过的每一个夜晚都见证着我们的青春与奋斗。……无人驾驶方程式

■ 右一为陈昱伊

赛车只是建设交通强国路上重重难关的缩影,虽然切身体会到了道路的艰难,但我在这条路上深入钻研、打破技术壁垒的决心却越发坚定。

孟祥宇　　2019级博士生　宇航学院

"北航4号"临近空间飞行器学生团队成员。自本科四年级起参与"北航4号"发射任务,承担试验仿真分析,发动机设计组装以及发射架定位定向等工作。深度参与多项国防创新特区项目、国家自然基金项目。

科研要提升原始创新能力。"北航4号"则创造了中国进入临近空间的另一条路径,成功验证了长时间变推力固液火箭发动机,实现了从"0"到"1"的突破。在"北航4号"发射升空的瞬间,现场的所有人都欢呼着、雀跃着、拥抱着、呐喊着,互相分享成功的喜悦。我的脑海中突然浮现出这样一幅画面,57年前原子弹爆炸成功时,老一辈航天人冲出掩体,脸上洋溢着笑容,天空中飞舞着军帽,大家同样在呐喊着、欢呼着,那一刻我们仿佛成了他们,虽然我们距离他们可能还有很长的路要走,但是我突然理解了他们的心情以及那种为国奉献的成就感。

■ 学生代表孟祥宇交流心得感悟

宫晓睿　　2018级本科生　宇航学院

181517小班团支书。热爱航天事业,曾获北航"飞豹杯"航空航天知识竞赛一等奖;积极参加学生工作,担任学院新闻中心新闻部部长,曾获评校级优秀学生干部。

2019年,"长征五号"复飞,我与宇航学院的同学们在沙河主楼一起见证了发射的全过程。"嫦娥五号"取回月壤的时候,我也时刻

■ 学生代表宫晓睿交流心得感悟

关注着月球上的一举一动。出于对班级同学思想和兴趣上的引领的责任感,作为团支书,我组织班级同学参观了中华航天博物馆等航天相关机构,激发同学们产生对航天的兴趣。……从最开始作为新闻中心的一名干事,参与航天日百米长卷的编辑和制作,到今年作为新闻部部长组织百米长卷的制作、作为学生会的一员参与策划和现场组织航天日的答题活动,在自己兴趣所在的方向,我用我的知识为航天精神建设而服务。

肖瑶　2018级本科生　宇航学院

学生艺术团舞蹈团成员。多次代表学校参与《罗阳》音乐剧、"挑战杯"开闭幕式等各项会演。参与举办"飞鸟"音乐节、"新声代"校歌赛、"体育文化节"等活动,丰富同学们的课余生活。曾获士嘉书院"文体优胜榜样"、宇航学院"文艺之星"、文艺优胜特等奖学金等。

■ 学生代表肖瑶交流心得感悟

两年的时间里,第一批参与编创的团员渐渐退出,作为为数不多的留下来的人,我也逐渐担起了帮助新团员的责任。……记得上学期北京市统一录像结束,看着团员们向着阳光行走的背影,我想到了前辈们向着希望前进的模样。我突然理解了前辈们面对前路未知、荆棘载途,但依旧乘风破浪的原因,是他们心中那一束从来不会消失的曙光。而作为演绎者的我们,不仅歌颂了百年来积极探

■ 肖瑶进行舞蹈表演

索、努力奋斗的前辈,更成为他们,并且循着他们的模样,从"红船"到"大山",从一枝独秀到百花齐放,继往开来,砥砺前行。

张鑫 2018级本科生 飞行学院

参加国庆70周年庆祝活动，抗疫志愿者。参加庆祝大会合唱团，入选国庆活动宣讲团，获得北航先进个人称号。新冠肺炎疫情期间，在极寒天气下，步行数公里参加共青团宾县委员会抗击疫情志愿服务长达四个月，受到当地媒体和学校、学院新媒体多次报道，获得北航"优秀志愿者"称号。任北航踢踏舞团副团长，参演庆祝改革开放40周年文艺会演。

■ 学生代表张鑫交流心得感悟

■ 图中间为张鑫

参加国庆70周年合唱团，因为带一点口音，刚开始训练时，我不仅受到舍友的吐槽，还被指导老师多次指出问题。不过最后也多亏了杨乐乐老师，用各种办法来帮助我。别人走路哼歌放松，我走路唱歌练节奏，别人休息吃薄荷糖，我吃芥末通鼻腔。我甚至感觉我这辈子吃的芥末都没有国庆训练时候吃得多。经历了这些"特殊待遇"之后，我最后才有资格站在天安门广场上歌唱祖国。国庆当天耳畔是歌声，心中尽是感叹，歌声迸发出我们对祖国的情感，赞叹我们祖国的盛世今朝，我也为我能站在天安门广场上歌唱祖国而感到自豪。

汪喻坤 2017级本科生 高等理工学院

捐献骨髓志愿者。自2018年起多次志愿献血；2020年成功为一名血液病患者捐献骨髓造血干细胞。学习成绩优异，科研成果突出，作为北航机器人队主力队员参加全国大学生机器人大赛，在主题赛和单项赛中均获一等奖。曾获得北航"五四奖章"、北航大学生年度人物、学院院长特别奖等荣誉。

■ 学生代表汪喻坤交流心得感悟

捐献前我接连注射了10针干细胞动员剂，身体也因此出现不良反应，行走困难，被迫使用轮椅代步。但我从未动摇，因为挽救血液病患者才是最要紧的事。由于和受捐献者体重差异较大，我进行了两次捐献，最终体外循环两万毫升血液才达到了捐献要求。……其实捐献对我来说是一件小事，也没什么，起初并没有告诉太多的同学朋友。我也没有让父母陪护，不想让他们担心，我自己能行。捐献那天，程波副书记专门来看我，并且对我说："骨髓捐献是值得骄傲一生的事情。希望在咱们北航，能有更多的学生加入爱心善举的队伍中来。"

胡强　2019级研究生　新媒体艺术与设计学院

热爱绘画和体育。作为大别山区的单亲留守儿童，经历了两次高考失败，通过自身的努力，坚持不懈、自强自立，成长为一位用设计专业能力服务社会、服务校园的艺术青年和学生干部。

在北航的六年时光里，我持续地学习、成长、付出和收获。为减轻家庭负担，大三期间通过自己的努力取得了经济独立。我每天坚持大量课外阅读和体育运动，拥有了更加广阔的视野、健康的身体和积极的心态。我热心公益活动，并积极地用专业能力服务社会和学校，承担了团中央"挑战杯"30周年纪念册、2019年"沈元奖章"主视觉

■ 学生代表胡强交流心得感悟

■ 前排中间为胡强

和抗疫宣传等诸多设计任务。"苦难不值得美化、瓦解苦难、活成一束光，才能获得时代的丰厚馈赠。"就像美术，不仅让自卑苦闷的我走出了山村，更让我精神丰富、内心强大，让我始终心怀梦想和希望，让我得到治愈的同时开始向外散发光和热。

程厚义　2020级博士生　集成电路科学与工程学院

集成电路专业学生代表。在学期间参与成功研制国内第一台单原子层精度"磁控溅射仪器"并获授权专利一项，助力解决国内集成电路设备行业"卡脖子"的高精度薄膜沉积设备问题。

■ 学生代表程厚义交流心得感悟

研制设备的道路并非一帆风顺，因为其中每一步的推进都比想象中难得多。每次遇到重重困难而无比焦虑时，我都会想起北航老一辈科学家在建国建校初期，不求回报、默默无闻、敢为人先、空天报国的事迹，这给了我继续走下去的莫大勇气与动力。经过三年的不懈奋斗，我们终于研制成功了国内首台单原子层精度磁控溅射样机，完成了从"0"到"1"的突破，各项指标均优于国外进口高端设备。

于敬凯　2020级本科生　北航学院士谔书院

士谔书院大班长兼副团支书；2020级新生第一批入党积极分子，参与书院"党史导学"专题思政课的日常组织工作。学习成绩优异，组织策划书院集体自习与答疑等学业支持活动。获评校学生会2020—2021年度优秀志愿者。

入学教育期间，我通过高宁老师讲授的《习近平的知青

■ 学生代表于敬凯交流心得感悟

岁月》，了解到了习近平总书记青年时期在延安延川县梁家河插队，克服种种困难，学习四川搞沼气，回村修建了陕北第一口沼气池。在深受鼓舞的同时，我了解到了党的先进性，于是递交了入党申请书，成为第一批入党积极分子并担任了我们班级的大班长。现在我们班有将近60%的同学成为入党积极分子。这个学期，书院为我们组织了"四史导学"专题思政课学习。就在上周，学校扶贫团队成员梁帮龙老师讲述了在中阳县扶贫的经历，我感受到了在脱贫攻坚战中的北航力量，深刻领会了开学第一课时提到的家国情怀和真诚正直。

陶雨　2020级本科生　士嘉书院

■ 学生代表陶雨交流心得感悟

书院新生。入党积极分子，爱好音乐美术，国画十级，硬笔书法八级。曾获市优秀共青团员、市朗诵比赛、校才艺展示一等奖。

清明节，我组织团支部的同学为陆士嘉先生的铜像献花。当我注视着陆士嘉先生的铜像，听着陆士嘉先生弥留之际仍心系国家和世界大事的故事，领会先生忠心报国、矢志不渝的家国情怀，严谨细致、致真唯实的科学精神和甘为人梯、无私奉献的大爱品格，更加坚定了投身航空航天事业的信念。现在面临专业选择，我也曾深感迷茫。为了帮助大家了解不同专业，书院上学期安排了学业导师，开展丰富多彩的导学活动，介绍不同专业的学习方向；下学期开设强国战略大讲堂，讲解国家重大战略需求；我也在与院士、专家面对面，走进实验室参观的过程中，逐渐了

■ 组织团支部的同学为陆士嘉先生的铜像献花

解了专业特色，进一步明确了自己的方向。

郭梓鑫　2020级本科生　守锷书院

书院新生。北航在广东省录取分数（687分）第一名，高考唯一志愿为航空航天类。从小受爷爷（北航第一批飞行员学员，在北航学习两年，20门功课中18门满分）和父母熏陶，心中深植空天报国情怀。入校后递交入党申请书，成为第一批入党积极分子；入学半年多志愿时长达百余小时。

■ 学生代表郭梓鑫交流心得感悟

我报考北航与从小受到爷爷的熏陶密不可分。我爷爷1951年响应党和国家"抗美援朝，保家卫国"的号召，参军成为飞行员，也成为北航1952年的第一批飞行员学员。他入学后勤奋学习，刻苦训练，在毕业时取得了20门功课中有18门满分的好成

■ 后排左二为郭梓鑫

绩。虽然最终由于战争结束没能踏上抗美援朝的战场，但是他时刻铭记党和人民的重托，无论是服役期间一直执行危险的飞行任务，还是因伤复员后进入政府部门工作，他都肩负历史使命，不断为祖国贡献自己的力量。爷爷是我的榜样，他在我心中埋下了一颗北航的种子，不断生根发芽，督促我努力学习。我想到北航学航天，我想成为总师！

"五四"前夕，北航青年学子以红色实践筑梦初心，用实际行动践行使命。4月30日，北航举办"百年薪火，青春芳华"2021年度社会实践启动仪式，暨第二届"中国飞天梦——科普万里行"出征仪式。

仪式回顾近年来北航的社会实践成果，展望建党百年开展扎根祖

国大地的生动实践,北航将以"1—10—100—1000"为主线,组织实施年度社会实践活动。

■ "百年薪火,青春芳华"2021年度社会实践启动仪式,暨第二届"中国飞天梦——科普万里行"出征仪式

▶ 1——首支社会实践队伍"中国飞天梦——科普万里行"团队将出征

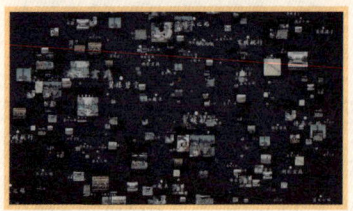

▶ 10——十支实践队将作为"排头兵、先行军"率先筹备开展

100——学校将面向行业企业、基层一线在全国各地建立100个社会实践共建基地

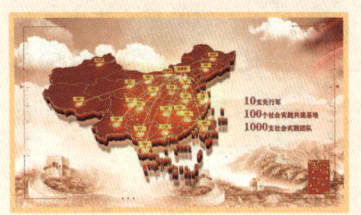

1000——组织千支团队开展系列社会实践活动

■ 北航校团委光荣获评"2020年度北京市五四红旗团委"

还有一则喜讯。日前,北航校团委光荣获评"2020年度北京市五四红旗团委"。这是由北京团市委授予北京市基层团组织的最高荣誉,2020年度共评选出100个。

"爱国、进步、民主、科学"是五四精神的核心内容。"立大志、明大德、成大才、担大任"是总书记对时代青年的期许。2021年是中国共产党建党100周年,北航青年学子生逢盛世,牢记习近平总书记的殷切期望,传承好北航使命和担当,以饱满的精神状态取得更优异的成绩。

今天,北航学子做客央视直播。

北航学子参与五四直播#寻找百位留言人#,来自四所不同高校的留言人,书写着同样热血的红色青春。

最后,再向大家发出一则邀

■ 北航学子参与五四直播宣传海报

第一章·青春领航

■ "卫星明信片"

请。在五四青年节到来之际,新华社客户端、新华社新青年携手北京航空航天大学等百所高校与青春来一场"宇宙级"的浪漫约会,打开新华社客户端"卫星明信片"功能,定位到对你而言独一无二的青春纪念地,写下专属心愿寄语,将来自太空的祝福零时差传递给住在你青春岁月的那个Ta,用卫星俯瞰北航,点击图片展开北航两校区明信片。

"卫星明信片"功能由新华社客户端、中国航天科技集团四维测绘技术有限公司联合推出,卫星影像由我国自主研发的卫星所拍。这个"五四",北航与你一起从宇宙放飞梦想,用卫星定格青春。

青春明史，红心向党 |
党史学习专题研修班嘉兴红色实践行

◆ 推送日期：2021 年 5 月 20 日

　　为贯彻习近平总书记在党史学习教育动员大会上的重要讲话精神，用好红色资源，讲好党的故事，传承红色基因，团结带领广大青年坚定不移永远跟党走，5月16日至17日，北京航空航天大学"青春明史，红心向党"党史学习专题研修班学员赴嘉兴开展实践教育活动，顺利完成瞻仰南湖红船和参观南湖革命纪念馆的红色教育活动，以及参加第二届"中国飞天梦——科普中国万里行"嘉兴站活动暨嘉兴—北京航空航天大学青年科创实践中心揭牌仪式，参观天鹅湖"科创中国"创新基地，参观浙江清华长三角研究院以及浙江清华柔性电子技术研究院的科技实践活动。校团委书记庄岩全程参加了活动。

　　本次实践教育活动围绕党史学习和时代担当两大主题，在既有"中国共产党诞生地"称号，又是"科创中国"首批试点城市之一的浙江省嘉兴市组织开展，带领学员们领略南湖风光，传承"红船精神"，体悟科技力量，励志科创强国，勇担时代重任。

　　"红船精神"集中体现了中国共产党的建党精神，彰显了我们党的担当使命、理想信念、精神追求和价值取向。16日下午3时，党史研修班的学员们乘坐6小时的高铁抵达嘉兴后，乘坐大巴来到酒店会议室观看百家讲坛《党史故事100讲》之《一大聚首　开天辟地》节目视频，了解南湖故事，为接下来的红色之旅打下基础。下午5时，研修班学员乘车前往嘉兴南湖，在微风细雨下瞻仰红船，回忆风雨飘摇的年代，中共一大代表们开天辟地的历史情形，崇仰革命先辈，铭记建党历史。

　　17日上午，学员们赴南湖革命纪念馆参观，系统学习"红船精神"内涵，传承开天辟地、敢为人先的首创精神，坚定理想、百折不

■ 党史研修班学员了解南湖故事和前往南湖瞻仰红船

■ 学员们赴南湖革命纪念馆参观

挠的奋斗精神，立党为公、忠诚为民的奉献精神，感悟党的初心使命。随后，研修班中的党员学员们在纪念馆前举行重温入党誓词仪式，在党梦想起航的地方，牢记初心使命，激发不断前行的奋斗力量。经过南湖红船实践教育活动，学员们纷纷表示，要铭记"红船精神"，励志以勇敢创新、接续奋斗、为民奉献的姿态为实现社会主义现代化强国贡献青春力量。

弘扬"红船精神"，北航一直在行动。北京航空航天大学持续完善创新创业实践育人体系，与嘉兴合作成立嘉兴—北京航空航天大学青年科创实践中心，17日上午于嘉兴秀洲区天鹅湖"科创中国"创新基地举行揭牌仪式，研修班学员受邀参加本次活动。仪式过后，学员们乘坐园区小火车参观基地全貌，近距离感受嘉兴经济、文化、科技、旅游发展情况。

下午2时，研修班的学员们开启本次实践活动的最后一站，前往浙江清华长三角研究院以及浙江清华柔性电子技术研究院进行参观。浙江清华长三角研究院是时任浙江省委书记的习近平总书记亲自谋划,由浙江省人民政府与清华大学本着优势互补、共同发展的精神联合组建的研究机构。通过参观研究院,学员们走出课本,认识省校合作模式,了解科技从理论创新向产品成果转化的全过程,理解党和国家科技强国、长三角一体化发展的战略部署,培养战略思维和大局意识。随后,学员们来到柔电院,参观了最新柔性电子技术成果,开拓专业视野,领略学科交叉魅力。

■ 第二届"中国飞天梦——科普中国万里行"嘉兴站活动现场

　　红船劈波行,精神聚人心。本次活动是融合党史学习和时代担当主题的、具有北航特色的实践教育活动,鼓励学员们肩负历史使命,坚定前进信心,心有党的引领,把握科创力量,立大志、明大德、成大才、担大任,努力成为堪当民族复兴重任的时代新人!

从天安门到鸟巢,北航人向党表白,登上热搜!
燃!帅!美!

◆ 推送日期:2021 年 7 月 2 日

昨天(7月1日)中国共产党成立100周年大会在北京天安门广场隆重举行。

7月1日晚,庆祝中国共产党成立100周年文艺演出《伟大征程》播出。

■ 中国共产党成立100周年大会在北京天安门广场隆重举行

■ 全体北航人深情祝福建党百年的推送

■ 庆祝中国共产党成立100周年文艺演出《伟大征程》

■ 大会现场参演人员

■ 大会现场北航学子接受采访

北航是少数几个同时服务保障庆祝大会与文艺演出的高校。1000余名师生承担多项任务，在党的百年华诞，展示北航风采与担当！

在大会现场有许多北航人的身影，99名参演人员、220名志愿者参与广场合唱、献词与志愿服务，高声喊出："请党放心，强国有我！"

志愿者的风采登上微博热搜，文字采访的志愿者姑娘，是北航仪器学院研究生王一舟，也是一名"航小萱"呦！

时任校党委书记曹淑敏、时任校长徐惠彬等201名北航师生受邀在现场观礼。"小萱"的朋友圈里满是来自现场的荣幸与震撼，祝福伟大、光荣、正确的中国共产党百年华诞！

■ 北京卫视、央视《新闻直播间》等采访我校师生

■ 朋友圈、微博相关内容之一

■ 央视"抗美援朝"场景再现。北航在"抗美援朝"的烽火硝烟中诞生，建校日是抗美援朝纪念日

■ 朋友圈、微博相关内容之二

第一章·青春领航

庆祝中国共产党成立100周年文艺演出《伟大征程》，以大型情景史诗形式呈现，分为浴火前行、风雨无阻、激流勇进、锦绣前程四个篇章。生动展现中国共产党百年来带领中国人民进行革命、建设、改革的壮美画卷。

伟大征程，壮美绝伦！震撼的演出现场也有北航身影！263名合唱团成员、88名志愿者，共同祝福伟大的党带领中国人民迈进新征程、奋进新时代！

大学生合唱方阵的同学们队列整齐、身姿笔挺、放声高歌，将现场气氛数次推向高潮。

志愿者同学们面带微笑、热情服务，满怀青春的朝气，一丝不苟、礼貌规范地在演出现场，曹书记和徐校长为志愿者们点赞："你

■ 庆祝中国共产党成立100周年文艺演出《伟大征程》

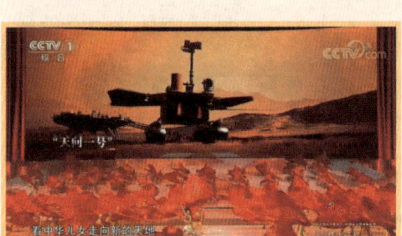
■ 新时代众多航空航天巨大成就，背后都有北航的智慧和汗水

■ "航小萱"拍摄的壮美烟花

■ 大学生合唱方阵

■ 北航志愿者现场合影

们站得最直、最有精气神！"

  北京市团市委书记李军会，在演出结束后慰问了北航志愿者们。和"小萱"一起，来了解这群北航人的幕后故事吧！

庆祝大会合唱团

  参演的74名合唱团同学，经过了声乐、形体等方面的层层选拔，多数同学来自飞行学院，也包括学校艺术团的骨干成员，排练中声乐团与舞蹈团"优势互补"，帮助大家在形体与演唱方面不断提升。

  为了大会上8首歌曲的完美呈现，合唱团的成员们苦练了4个月，保证每天用专业训练方法练习四五个小时，除了苦练唱歌和形体，还要每天跑步半小时练体能。

  受训期间，大家克服了不少困难。期末考试紧密排布，一位成员意外骨折，但温馨的气氛将大家紧紧凝聚在一起。每个月，大家都为团员过集体生日，带队老师会拉小提琴庆祝。

■ 参演的74名合唱团同学合影

■ 合唱团同学训练形体

■ 合唱团同学训练声乐

■ 合唱团老师指导训练

■ 合唱团同学进行训练

  这是一次生动的党史学习实践，作为文艺会演和庆祝大会两支队伍的带队教师，我和学生们实现了从党史学习者到党史"讲述者"的跨越；这是一次深入的自我锻造，是参与到活动中的每一位"讲述者"对党和国家的一次表白，是北航人"四爱精神"的一次深入锤炼，是我们对党和国家的一次情感升华；这是一次思想火炬的传承与赓续，承前启后方可继往开来。

——校团委艺术团管理中心主任　张聪

  天安门广场上，三千人满怀深情地歌唱；唱支山歌，给披荆斩棘走过百年的中国共产党；歌颂团结，致敬党引领中国走在康庄大道上。目之所及，是社会主义国家繁花似锦的万里江山；情绪昂扬，是共产主义接班人誓言的铿锵；携手共进，是中华儿女敢教日月换新天的豪迈乐章！

——合唱团成员、自动化学院本科生　杨海佳

庆祝大会献词团

参演的25名献词团成员，覆盖8个学院、5个年级。从3月27日第一次集结，到7月1日献礼中国共产党百年华诞，每天组织献词基本功训练和体能训练，为献词的情感和表达打下扎实基础。

天安门全要素训练两次，千

■ 献词团成员合影

■ 献词团成员紧张排练

人合练15次，校内集体合练8次，每日进行基本功，体能训练等总计67次，北航以高标准严格要求每一位参演人员，做到了每次训练无空余点位。

■ 校内集体合练

有幸在天安门广场聆听总书记讲话，掷地有声，慷慨激昂，最令我印象深刻的是总书记寄语新时代青年"要以实现中华民族伟大复兴为己任，不负时代，不负韶华，不负党和人民的殷切期望！"作为一名学生辅导员，要引导学生弘扬伟大的建党精神，以史为鉴开创未来，坚守空天报国情怀。"未来属于青年，希望寄予青年。"引领学生思想真真切切落到实处、实实在在融于生活，让学生坚定理想信念，站稳人民立场，练就过硬本领，投身强国伟业。为民族复兴培养一流人才，以空天梦、北航梦助力实现中华民族伟大复兴的中国梦。

——飞行学院团委书记　赵圆

小时候，听祖辈讲述红色故事的我，终于有机会站在天安门广场上，致以最发自内心的献词给党。7月1日早晨的天安门广场，千人献词团怀着无比激动的心情，用发自内心的虔诚和无比震撼的力量，一齐呐喊出青春最强音："同心向党，奔赴远方！""请党放心，强国有我！"

——飞行学院2019级本科生　唐珺麟

 文艺会演

■ 文艺会演现场

　　263名北航学子，在国家体育场深情献唱，5月16日启动选拔，形成最终参演团队，开始全部演唱歌曲与动作的学习。为确保活动的圆满完成，8次校内排练、8天的鸟巢全要素合练，同学们热情参与、全情投入。

■ 参演团队合影

> 在现场听到全场合唱《没有共产党就没有新中国》时瞬间热泪盈眶，能够和观众一起见证演出呈现的党的百年历史，见证党与人民心连心、同呼吸、共命运的《伟大征程》，亲历现场用志愿服务为党庆生，我们深受鼓舞，无比光荣。我们更要用实际行动传承，在肩负时代重任时行胜于言，在真刀真枪的实干中为祖国贡献力量。
>
> ——化学学院团委书记　魏茜

> 整个过程中，我们始终以本次任务为绝对优先级：发扬军人本色，精益求精，力求完美；协调彩排、学业和训练之间的冲突，提高效率；紧密团结、高效协作，做好物资证件的收发工作；发扬纪律性强的优良作风，服从指挥，人员全勤，以饱满昂扬的精神面貌迎接每一次合练。
>
> ——航空学院双学籍飞行学员　陶家璇

第一章・青春领航

> 鸟巢的烟火点燃了夏日的夜空，也点燃了每个人的心。在《伟大征程》现场，我看到的是百年征程的一路坎坷、一路艰辛，是中国共产党的风雨兼程、历经沧桑，是中国共产党人的艰苦奋斗、初心理想——历史厚重坚硬的质感与共产主义信仰闪烁的光芒交织成鸟巢满眼的红，刻在我的眼中心中。在党的百年华诞之际，我们回顾历史，我们展望未来，我们将在党旗的指引下走上新的伟大征程，再创新的历史伟业。
>
> ——知行书院本科生　王洋

志愿者风采

■ 骨干志愿者培训合影

在庆祝大会与文艺会演中，活跃着来自我校的308名志愿者。志愿者选拔自4月16日启动，骨干志愿者完成了共计560小时的集中培训。

5月下旬起，308名北航师生共同组成重大活动志愿服务队，开始了紧锣密鼓的培训与演练，共同完成了包含党史学习、礼仪规范、急救处置等内容的专业培训。

■ 重大活动志愿服务队培训现场

"七一"前,所有志愿者培训时长已经超过6000小时。在天安门庆祝大会,在鸟巢演出现场,志愿者们坚守岗位、保障应急通道,各个小组成为战斗小分队,组内组外相互帮助,支持鼓励。

■ 北航志愿者在天安门广场现场

■ 北航志愿者在鸟巢现场

5月26日,成立临时党支部,根据工作任务成立班级,系统化推进团队建设和党史学习教育工作。

为了保障学校服务重大活动工作顺利开展,学校第一时间成立了北航庆祝活动工作领导小组,由书记、校长担任组长。领导小组成员单位多方联动、协同推进,各学院书院大力支持、全力配合,圆满完成了庆祝活动的

■ 6月11日晚,面向全体参与重大活动师生,举办"永远跟党走"红色经典交响合唱音乐会

第一章 · 青春领航

保障服务工作。

例如，学校饮食服务中心设专人负责食品安全工作，选派专门的制作团队按需提供安全、健康、营养、周到的套餐服务。截至目前，共提供1500人次就餐服务。沙河校区物业服务中心根据学生培训计划，合理调整洗浴时间，每日延长洗浴时间至凌晨4点，保障热水不间断供应，浴室管理人员随时在线；综合体育馆保障核酸检测20场，共计1200余人次。

庆祝大会现场，北航人昂首观礼，向党祝福。

■ 前排左二为北航闫楚良院士

■ 从左至右：侯志斌 马剑 刘昊

> 作为一名高校教师，我将牢记初心使命，坚定理想信念，践行党的宗旨，自信自强、守正创新，严格履行教师职责，弘扬"空天报国"精神，将北航红色基因、电磁强国的理念传递给我的学生，为实现社会主义现代化强国的第二个百年奋斗目标而努力工作，为国家培养更多的创新型人才。
>
> ——中国工程院院士、前沿院教授　苏东林

> 以史为鉴，开创未来，我们更加深刻地认识到，坚持中国共产党的领导是历史的选择、人民的选择，也是包括民革在内的各民主党派必然的选择，是唯一正确的选择！让我们在新时代新征程上更加紧密地团结在以习近平同志为核心的党中央周围，为实现中华民族伟大复兴的"中国梦"而努力奋斗！
>
> ——全国政协常委、航空学院教授　傅惠民

我们党的百年征程是一代代共产党员艰苦奋斗、牺牲奉献的历史，我的成长也与党的使命紧密相连。没有中国共产党就没有新中国，就没有我的一切。为了实现中华民族复兴的强国梦，要认真学习践行习近平总书记重要讲话精神，牢记初心使命，坚定理想信念，践行党的宗旨，做好教书育人的本职工作，为强国梦的实现培养更多人，才贡献自己的全部力量，生命不息，奋斗不止！

——电子信息工程学院教授　张晓林

　　今天，我们将迎来从站起来、富起来到强起来的新时代，作为一名海外留学归国人员，我们需要学习中国共产党的创业历史，汲取信念理念，坚持政治站位，做好本职工作，推动科技自立自强，把中国发展进步的命运牢牢掌握在自己手中，用实干苦干为中华民族复兴贡献力量！

——海淀区侨联常委、自动化学院教授　蔡茂林

　　面向未来三十年的建设社会主义现代化强国新征程，我们思政课教师，必须要讲好中国共产党人开辟的伟大道路、擎起的伟大旗帜、建立的伟大功业、肩负的伟大使命，将党史和"四史"学习教育作为新时代思政课教学的基本方法论，以史为鉴，提升教学水平和层次，弘扬伟大建党精神，为"平视世界"的一代讲清楚什么是信仰、什么是牺牲、什么是共产党，培养堪当民族复兴大任的新时代青年。

——马克思主义学院党委书记　高宁

我们民主党派在历史潮流中正确选择和拥护了中国共产党的领导,肝胆相照,与有荣焉。拥抱新时代,展望新辉煌,祝愿伟大光荣的中国共产党更加坚定,更加睿智,带领我们再创伟绩,早日实现中华民族伟大复兴的梦想。

——民盟盟员、北京市政协委员、法学院院长　龙卫球

头顶飞掠的歼-20战机,不仅饱含着对党的崇高祝福,更让我感受到了我们国家的底气与力量。作为一名新发展的青年共产党员,今后我会像习近平总书记希冀的那样,以实现中华民族伟大复兴为己任,增强做中国人的志气、骨气、底气,不负时代,不负韶华,不负党和人民的殷切期望。请党放心,强国有我!

——宇航学院本科生　侯志斌

■ 庆祝大会北航各直播分会场

7月1日上午，在学院路校区晨兴音乐厅、新主楼第一报告厅、新主楼第二报告厅和沙河校区咏曼剧场，北航同步设置了直播会场，组织全校处级干部及师生代表共1500余人，在4个主会场集中观看庆祝大会。

北航1000余名党员干部师生，也在各分会场，通过电视、网络、广播、手机客户端等积极收看大会直播。

> 共产党在这一百年里带领我们建立了中华人民共和国，建设了中华人民共和国，并正在带领我们走在中华民族伟大复兴的路上。我们赶上了这个时代，我非常激动。接下来，我们党还有第二个百年奋斗目标，作为一名高校的教师党员，我将始终秉持立德树人根本任务，为党育人，为国育才，做出自己应有的贡献！同时，我们也要听党指挥，助校发展，为学校实现"十四五"规划、建设双一流大学做出自己的贡献！
>
> ——交通科学与工程学院党委书记　吴江浩

> 在"必须坚持和发展中国特色社会主义"部分，总书记提到了科技自立自强，还在结语前专门寄语青年。作为航空发动机科技创新和人才培养的战略力量，北航航发院全体师生将坚定信念听党话、跟党走，增志气、硬骨气、强底气，为实现航空发动机领域高水平科技自立自强培养一流人才、做出一流贡献。
>
> ——航空发动机研究院分党委书记　王文文

第一章·青春领航

> 作为一名研究生党员,我们要以实际行动响应习近平总书记发出的"坚定理想信念,牢记初心使命"的号召,在我们所在的空间生命保障技术研究领域深入钻研,珍惜研究生时光,不负韶华,为我国实现第二个百年奋斗目标和载人航天工程建设贡献一份青春力量。
>
> ——北航生物与医学工程学院博士研究生、
>   "月宫一号"团队成员　赵婷

最后,查收一波合影!

■ 庆祝大会和文艺会演之一

■ 北航志愿者合影之一

■ 北航志愿者合影之二

第一章·青春领航

■ 庆祝大会和文艺会演之二　　　■ 北航志愿者合影之三

欣逢盛世，百年风华，同心向党，扬帆远航。北航人定肩负起空天报国的担当，弘扬光荣传统，赓续红色血脉，请党放心，强国有我！

■ 庆祝大会现场

总书记亲切会见，北航学子勇担当！
《新闻联播》报道！

◆ 推送日期：2021年7月14日

7月13日晚，央视《新闻联播》报道，中国共产党成立100周年庆祝活动总结会议在京举行，习近平亲切会见庆祝活动筹办工作各方面代表。

中国共产党成立100周年庆祝活动总结会议13日上午在京举行。中共中央总书记、国家主席、中央军委主席习近平在人民大会堂亲切会见庆祝活动筹办工作各方面代表，向他们表示衷心感谢和诚挚问候，对他们的辛勤工作和优异成绩给予充分肯定，勉励大家奋发进取、再创佳绩。

13日上午，人民大会堂北大厅灯光璀璨、气氛热烈。11时，习近平等来到这里，全场响起热烈掌声。习近平等走到代表们中间，同大家亲切交流并合影留念。北京航空航天大学飞行学院2020级本科生

■ 第三排左三为符洋铭

符洋铭，作为庆祝大会合唱团的一员，同献词团、合唱团17名青年学生代表在人民大会堂接受会见。

符洋铭心潮澎湃，难掩激动，他这样说：

■ 献词团、合唱团代表在人民大会堂外合影（第二排右一为符洋铭）

> 走进人民大会堂的那一刻，我已经肃然起敬。我们代表着中国青年，我们是中华民族伟大复兴的先锋力量。大门打开，总书记缓缓走来，全场响起热烈掌声，我的心情十分激动。总书记将希望寄予青年，我代表北航足够自豪，我代表中国青年足够自信，我一定牢记总书记嘱托，传承红色基因，厚植爱国底色，与时向前，奋进接力，以梦为马，不负韶华！
>
> ——飞行学院2020级本科生 符洋铭

他是北航学子符洋铭，是庆祝大会合唱团的一员，与北航其他同学一样，通过层层选拔，最终进入天安门前正式点位，唱支歌儿给党听。

3月起，符洋铭和同学们积极参加校内排练，为7月1日当天的完美演出做好充分准备。

■ 训练期间，符洋铭同献词团、合唱团中来自飞行学院大一、大二的3名学生王晨涛、刘家瑞、袁得举受邀前往上海，重返一大会址，赓续红色血脉，并在中央广播电视总台五四青年节特别直播报道中分享他们的训练故事

　　五月初的一场排球比赛中，符洋铭不慎发生撕脱性骨折，不得不打石膏、坐轮椅。带队老师和同学们都劝慰他好好养伤，但他表达了强烈的意愿，想要坚持继续训练，希望在建党百年重大活动中展示新时代青年最佳的精神风貌。坐着轮椅无法站进点位，他就在队伍外跟着独自练习。伤势渐渐好转后，在同学们的帮助下，他拄着拐杖与大家合练。

■ 符洋铭拄拐参与排练

　　在老师和同学们的悉心照料下，符洋铭恢复得很好。7月1日当天，他丢掉拐杖，以最好的状态热情澎湃地献唱。

　　符洋铭的事迹也得到了媒体的关注，"我当时想一定要留下来，因为这次活动机会来之不易""7月1日我能走吗？拄拐不好看"。

"大家都在努力,我也不能落下,要努力跟上他们的步伐""当真正和军乐团一起合奏时,当国歌响起,我热泪盈眶"。

■ 中央电视台《新闻直播间》报道

■ 北京卫视《特别关注》报道

■ 光明日报刊载《向党致以我们青春的礼赞》

符洋铭只是北航师生参与七一活动的一个缩影,所有人都坚持高标准、高要求,永远跟党走,践行百年初心,勇担时代使命,以昂扬的姿态、饱满的热情,展现积极向上、奋发有为的精神面貌。

飞行学院2019级本科生罗浩哲的心声《向党致以我们青春的礼赞》,刊载于《光明日报》。

6月29日在鸟巢举办的文艺演出《伟大征程》和7月1日在天安门广场举办的庆祝大会中,千余名北航师生作为参演人员、献词团成员、合唱团成员、志愿者和观众参与其中。

■ 庆祝建党百年推送

　　用青春的汗水，献给党的生日，感悟思想伟力。向祖国、向人民、向党，展现北航青年的精神面貌！

　　北航人，定传承伟大建党精神，践行空天报国精神，继续向着第二个百年奋斗目标，阔步前进，共创佳绩！

"请党放心，强国有我"主题团日

◆ 推送日期：2021年10月15日

■ 全校团支部开展"请党放心，强国有我"主题团日活动

7月1日上午，庆祝中国共产党成立100周年大会在北京天安门广场隆重举行。中共中央总书记、国家主席、中央军委主席习近平发表重要讲话。为贯彻习近平总书记此次重要讲话精神，落实《共青团中央关于在全团开展"学党史、强信念、跟党走"学习教育的通知》要求，教育团员铭记党的关怀、了解发展成就、增强奋斗意识，经研究讨论决定，在国庆之前，全校团支部开展"请党放心，强国有我"主题团日活动。

全校团员利用课余时间学习指定学习材料和其他相关材料，以研讨会、座谈会、宣讲会、读书会等多种形式展开学习，学习范围覆盖全校38个院系共三万余名团员青年。下面是各学院的学习情况。

材料科学与工程学院

材料科学与工程学院各团支部在团总支要求的基础上，开展了形式多样、丰富多彩的党史学习活动。其中190111团支部通过开展党史学习会和红色故事会，带领大家重点聚焦于文化自信，解读了《论人民民主专政》及背后的故事；200112团支部通过共同观看《建国大业》、分组阅读《中国共产党的七十年》，一同回顾了中国共产党成立过程中重要的历史节点。通过本次主题团日活动，各团支部同学回望了中国共产党光辉的发展历程，真正践行了"请党放心，强国有我"的精神。

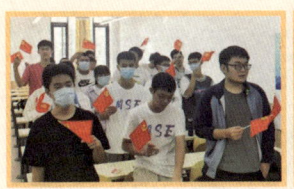

■ 材料科学与工程学院开展党史学习活动

 电子信息工程学院

在学院分团委的指导下，电子信息工程学院各团支部分别以线上和线下活动的方式开展主题团日活动。在线上活动中，各支部通过观看视频资料、线上交流党史学习的心得体会等方式学习；在线下活动中，各团支部推陈出新：党史知识竞赛、重温入党誓词、共唱团歌等活动让同学们将理论与实践相结合，提高自身的责任感和使命感。

■ 电子信息工程学院各团支部分别以线上和线下活动的方式开展主题团日活动

 自动化科学与电气工程学院

在主题团日活动过程中，自动化科学与电气工程学院各团支部利用视频、书籍、有声书等丰富资源，配合读书会、座谈会等进行了丰富有效的学习环节设计。通过播放抗战历史或我国重大事件的剪辑视频和纪录片、讲解党史知识、学习对应材料内容、精读书中重点片段并交流感悟等多种形式，提高了同学们对党史的了解，培养了同学们的爱国情怀。

■ 自动化科学与电气工程学院开展读书会、座谈会等活动

能源与动力工程学院

为回顾党的历史，传承红色基因，发扬奋斗精神，能源与动力工程学院各团支部在分团委的领导下开展主题团日活动。结合书面材料的通读和集体讨论，同学们针对书中的具体问题展开自己的思考并阐述自己的观点。提高了思辨性看待问题的能力的同时，也培养了将个人的青春理想信念融入时代洪流下的家国情怀和担当。此次主题团日活动坚定了同学们作为社会主义建设者和接班人投身祖国航空航天事业的信念。

■ 能源与动力工程学院各团支部开展主题团日活动

航空科学与工程学院

航空科学与工程学院各团支部以党史学习和思想引领为主线，以多

样形式为导线开展主题团日活动。各支部通过知识问答、团支书党史讲座、观看红色影视作品等形式,对《习近平新时代中国特色社会主义思想学习问答》《中国共产党简史》等学习材料进行了深入学习。同时结合党史知识竞赛、红色主题展览参观、党史讲座以及成员经历分享等环节,将理论联系实际,真正做到学有所得。

■ 航空科学与工程学院各团支部开展主题团日活动

计算机学院

■ 计算机学院各团支部开展主题团日活动

　　计算机学院各团支部以线上和线下的形式,通过党史材料读书分享会、党史知识竞赛、红色故事会、重温入党誓词等活动,回顾了百年建党征程。通过此次团日活动,同学们收获颇丰,在各班团支书的组织下通过问卷、微信群的方式发表了自己的感想。

机械工程及自动化学院

机械工程及自动化学院各团支部依托重点书籍,以知识竞赛、小组学习、集体研读等多个方式深入学习党史。其中2018级各团支部集体观看了纪录片《百炼成钢:中国共产党的100年》1-3集,了解了百年大党发展的光辉历程。同学们从党的百年伟大奋斗历程中汲取智慧和力量,做到学史明理、学史增信、学史崇德、学史力行,以高昂的政治热情、饱满的精神状态,将学习英烈精神的热情转化为自身不断奋进的动力。

■ 机械工程及自动化学院各团支部深入学习党史

经济管理学院

经济管理学院各团支部以线上的形式开展主题团日活动。通过开展党史知识竞赛和党史学习会,加深了同学们对"四史"知识的了解,培养了同学们的爱国情怀。

在线上党史学习会中,各团支部同学共同阅读了《论持久战》,并在阅读后进行了研讨与交流。同学们纷纷表示,毛泽东运用辩证唯物主义的立场、观点和方法,对战争的根本问题做了精辟的论述,其中理论与实践结合的思考模式也值得今天的我们学习。

■ 经济管理学院各团支部开展线上主题团日活动

数学科学学院

　　数学科学学院各团支部依托读书会、研讨会、集体观影、知识竞赛等形式开展主题团日活动。其中200941团支部开展了红色故事分享会，了解了百年党史中的点滴动人瞬间；200921团支部集体观看了建党百年纪录片《山河岁月》，并讨论总结出思想建党、政治建军这一伟大原则对于中国革命取得胜利所发挥的关键作用；180924团支部通过观看视频混剪的方式，了解从1921年到2021年这一百年间我们国家在党的带领下发生的翻天覆地的变化。

　　通过本次主题团日活动，各团支部同学深刻体会到爱党爱国的重要性，坚定了为共产主义事业接续奋斗的决心。

■ 数学科学学院各团支部开展主题团日活动

生物医学工程学院

　　生物医学工程学院以线上研讨会、线下知识竞赛等形式开展主题团日活动。通过学习，同学们领会了习近平总书记的重要讲话精神，深刻体会到实现中华民族伟大复兴就是中华民族近代以来最伟大的梦想。

■ 生物医学工程学院开展主题团日活动

人文社会科学学院

人文社会科学学院各团支部分别选择研讨会、座谈会、宣讲会、读书会等多种形式开展学习。部分团支部通过追问百年大党何以风华正茂、讲家乡红色故事、分享在党50周年老党员生平经历等活动形式，学习我党不变的初心使命、坚定的理想信念与自我革命精神，领悟红色故事的红色精神，传承在党50周年老党员的红色基因。

■ 人文社会科学学院各团支部分别选择研讨会、座谈会、宣讲会、读书会等多种形式开展学习

外国语学院

为调动同学爱党爱国热情，回顾党史，展望未来，外国语学院各团支部以"线上+线下"的形式召开主题团日活动。

各团支部集体阅读了4本指定学习材料，通过学习与讨论，同学们更加深入地了解到了中国共产党风雨兼程、筚路蓝缕的建党历程，更加深刻地感受到了党员先辈们无畏挑战、开拓进取的宝贵精神；与此同时，201211团支部所有成员一同前往中国电影博物馆进行革命历史的参观活动，了解了共产党百年来带领人民走过的一段段历史。

■ 外国语学院各团支部以"线上＋线下"形式开展主题团日活动

交通科学与工程学院

在学院分团委的积极组织下，交通科学与工程学院43个团支部开展"请党放心，强国有我"国庆主题团日活动，涵盖红色读书会、红色观影会、红色知识问答、红色诗篇诵读会等多种形式。其中，201315团支部组织同学集体观看了影片《钱学森》；191313团支部由王广琛同学结合暑期南浔实践经历，分享了对祖国飞速建设的感受与对"共同富裕"的国家发展理念的理解。

通过本次团日活动，交通学院的团员青年对"请党放心，强国有我"这八个字有了更深刻的体会，同学们将秉持奋斗精神、担当青年使命，让红色基因代代传承，向建党百年华诞献礼。

■ 交通科学与工程学院各团支部开展主题团日活动

可靠性与系统工程学院

可靠性与系统工程学院各团支部积极响应上级号召，开展一系列党史学习活动。其中，1814团总支通过回顾习近平总书记在庆祝中国共产党成立100周年大会发表的重要讲话，进行对党史的学习讨论；1914团总支结合指定的4本学习材料，开展"学党史、强信念、跟党走"学习教育；2014团总支在团支书的带领下齐唱团歌，随后共同观看《我的1919》，感受红色年代的经典伟人事迹和革命先辈慷慨悲壮的热血岁月。

■ 可靠性与系统工程学院各团支部开展一系列党史学习活动

宇航学院

宇航学院各团支部响应上级团组织号召，开展了"请党放心，强国有我"国庆主题团日活动，活动形式多样，活动内容丰富。其中201515和201517团支部共同进行了主题为"百年革去万古旧，一党拓得永恒新"的团日活动，了解了百年大党的发展历史；1915团总支则开展了主题歌咏比赛，用青年之声为祖国献礼。

此次活动使宇航学院的同学们深入了解党的艰难成长史，坚定了当代团员青年要继往开来、担负起实现中华民族伟大复兴重任的初心与使命。

■ 宇航学院各团支部开展主题团日活动

飞行学院

飞行学院各团支部同学共同阅读了《习近平新时代中国特色社会主义思想学习问答》一书中的部分内容，并分别就"中国共产党在中国发展中所起作用""中国共产党的根本基础与目的""我们为什么要拥护中国共产党的领导"这三个问题进行了讨论与发言。

通过学习与讨论，同学们对党的发展成就有了更全面的了解，对党心系人民的关怀之情有了更深切的体会，对党的奋斗意识进行了深入的学习与思考，更加坚定了拥护党、热爱党的决心与意志。

■ 飞行学院各团支部同学共同阅读《习近平新时代中国特色社会主义思想学习问答》一书中的部分内容，并发言讨论

仪器科学与光电工程学院

仪器科学与光电工程学院各团支部参考分团委组织部提供的活动方案，结合自身实际情况，开展知识竞赛、座谈会、研讨会等形式的活动。其中，191711支部的团支书带领全体团员了解历史背景，领学党史材料重要章节，为深入理解著作精神夯实基础；191714支部开展讨论会，邀请班主任老师带领团员们共同学习、积极讨论；191717支部的团员们进行座谈，对印象最为深刻的党史故事、著作内容进行讨论和分享。

■ 仪器科学与光电工程学院各团支部开展知识竞赛、座谈会、研讨会等形式的活动

通过此次主题团日活动,支部成员进一步了解了百年大党的发展历程,深刻体悟了"请党放心,强国有我"的庄严承诺。

北京学院

■ 北京学院以观影和阅读结合的形式开展主题团日活动

北京学院依托4本指定学习材料,结合特色学习模式,以观影和阅读结合的形式开展主题团日活动。其中,211891班团支部从《论中国共产党历史》与《中国共产党简史》出发,结合党史以宣讲的形式深度剖析"百年未有之大变局"这一富有中国属性的全球性命题。带领大家明确了当今时代特征,领悟中国面临的机遇与挑战。通过一系列丰富

的活动，同学们体悟到了"请党放心，强国有我"的深刻内涵，坚定了为共产主义事业贡献力量的决心。

■ 北京学院开展团日活动

 物理学院

为响应校团委号召，物理学院本科生各团支部以线上和线下结合的形式开展了一系列主题团日活动。通过读书分享会、参观党团活动空间、重温入党誓词等形式，同学们加深了对中国共青团和中国共产党的了解，也明确了作为青年一代的使命担当。

■ 物理学院以线上和线下结合的形式开展一系列主题团日活动

 法学院

为提升同学们的爱国热情和奋斗情怀，法学院各团支部组织开展相关主题团日活动。通过阅读文献书籍、观看建党100周年大会、回顾热点事件等形式，同学们收获颇丰。纷纷表示要将党的精神运用到学习和工作当中，努力成为走在新时代前列的奋进者、开拓者、奉献者。

■ 法学院开展主题团日活动

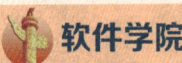 软件学院

软件学院各团支部按照分团委要求,由各支部团支书牵头,以互动式党史宣讲、学习通知文件、观看"请党放心,强国有我"视频、采访团员收获感想、进行党史知识竞赛等多种形式开展活动。通过学习,各支部同学了解党的光辉历史、感悟党的初心使命、领会党的创新理论、传承党的红色基因,坚定了为共产主义事业接续奋斗的信念。

■ 软件学院各团支部以多种形式开展活动

未来空天技术学院/高等理工学院

未来空天技术学院/高等理工学院通过"重温团史,学习党史""党史知识竞答大赛""红色故事会""唱响红歌""主题征文"五大板块让同学们深入地了解团史和党史,并组织同学通过纸质和电子材料对《论中国共产党历史》《毛泽东、邓小平、江泽民、胡锦涛关于中国共产党历史论述摘编》《习近平新时代中国特色社会主义思想学习问答》《中国共产党简史》等书籍进行深入浅出地学习,在学习过程中增强了同学们对党奋斗历程的认识,提升了同学们的爱国情怀。

■ 未来空天技术学院/高等理工学院开展主题团日活动

 中法工程师学院

　　根据分团委自身情况，中法工程师学院开展以宣讲会、读书会、线上线下多种形式的学习活动。其中，部分团支部以读书交流会的方式互相分享自己所收获的心得体会，在交流体悟中加深对党的认识；部分团支部开展知识竞赛活动，在调动每一位团员积极性的同时全面拓宽了同学们的知识面。活动后，同学们表示一定会牢记初心使命，坚持理想信念，牢记党的领导思想，在党的领导下逐渐完善自己，做新时代的有为新青年。

 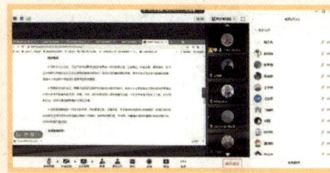 

■ 中法工程师学院开展多种形式的学习活动

 新媒体艺术与设计学院

　　在分团委统一指导下，新媒体艺术与设计学院各团支部精心策划，组织动员广大青年踊跃参与活动，通过学习研讨会、红色故事交流会多种形式学习党的历史。结合专业特色，新媒体艺术与设计学院各团支部举行线上红色主题展览和手绘贺图等活动，从画面构图和作者的创作历程入手，发掘画作背后的故事和精神内核；从专业角度了解历史细节，深入学习认识党的奋斗历程和伟大成就，并开展签名活动，坚定"请党放心，强国有我"的理想信念。

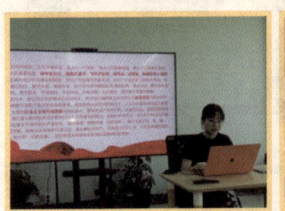

■ 新媒体艺术与设计学院以多种形式开展主题团日活动

化学学院

化学学院分团委各团支部以读书会、重温入团仪式、主题征文等活动开展主题团日活动。通过学习与体悟，团支部全体成员回顾了中国共产党人的初心与使命，了解到优秀党员代表和优秀人物的奉献与付出，做到知古鉴今、学史明志，增强社会责任感和历史使命感。

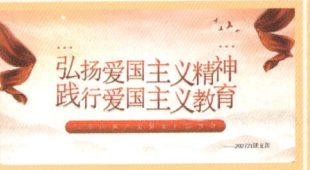

■ 化学学院开展主题团日活动

人文与社会科学高等研究院

人文与社会科学高等研究院分团委各团支部通过观看视频、原文讲解以及分组研读的形式学习相关阅读篇目与学习材料。在学习中，全体团支部成员深入了解了中国共产党人的初心与使命，矢志不渝为共产主义事业贡献自己的力量。

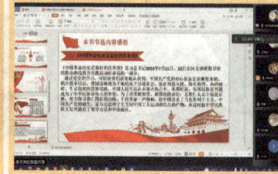
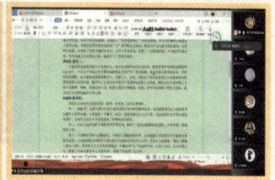

■ 人文与社会科学高等研究院学习相关阅读篇目与学习材料

空间与环境学院

■ 空间与环境学院开展主题团日活动

在分团委的领导下，空间与环境学院各团支部通过观看系列学习视频结合线下读书会的形式开展主题团日活动，从学习党史角度出发，阐述了学习党史的重要意义，并对一些重大事件进行了梳理，丰富了党史学习的方式与内容，并激发了大家自主学习党史的兴趣与热情。

国际通用工程学院

国际通用工程学院各团支部通过线上宣讲会的形式，学习了国通学院党史微课系列第四课——新时代中国特色社会主义建设史和习近平总书记"七一"重要讲话。通过回顾首个百年目标以来共产党领导下中国的蓬勃发展，坚定了作为新时代青年人为第二个百年奋斗目标的伟大使命奉献一份力量的初心与使命。

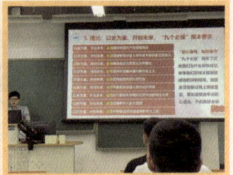

■ 国际通用工程学院开展主题团日活动

网络空间安全学院

■ 网络空间安全学院开展读书交流会、研讨会

网络空间安全学院各团支部在完成党史学习教育的基础上，通过多种方式开展相关主题团日活动。支部结合相关书籍文章展开读书交流会、研讨会，了解党的光辉历史、感悟党的初心使命。同时关注时事，开展榜样教育，鼓励同学们在奋斗中书写青春，努力提升科学文化知识，不虚度光阴，学有所成，用实际行动践行"请党放心，强国有我"的坚定誓言。

集成电路科学与工程学院

集成电路科学与工程学院各团支部通过读书会、研讨会以及党史知识竞赛等形式开展主题团日活动。通过沟通与交流，同学们更深层次地了解到百年党史的同时，深刻认识和把握了科学理论中蕴含的观点与方法，将人生理想与祖国、时代、人类命运联系起来，勤奋学习，立志成才，为成为21世纪社会主义事业建设者不断奋斗。

人工智能研究院

人工智能研究院分团委组织各年级团支部以经典研读、红色故事分享和红歌合唱等形式开展主题团日活动。通过此次活动，同学们深刻感受到中华人民共和国成立72周年来中华民族的艰苦与辉煌，激发了同学们的爱国热情与民族意识，促进同学们积极向党组织靠拢，并学习发扬党的精神，为成为一名合格的新时代爱国青年而奋斗。

■ 人工智能研究院以多种形式开展主题团日活动

士谔书院

士谔书院分团委根据4本指定学习材料，以研讨会、座谈会、宣讲会、读书会等多种形式进行学习，同学们收获颇丰。

"要具有先进政治思想，努力学习马列主义、毛泽东思想、邓小平理论和"三个代表"重要思想，增加民族自尊、自信、自强精神，树立正确的理想信念和世界观、人生观、价值观，抵御腐朽思想的侵蚀，提高思想道德素质和科学文化素养。"士谔书院的同学如是说。

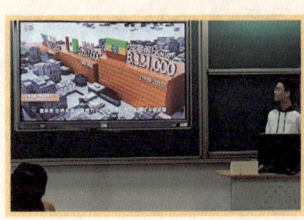  

■ 士谔书院开展主题团日活动

冯如书院

冯如书院分团委以"百年大党风华茂,强国复兴吾辈担"为主题,结合"不忘初心·重温入团仪式""铭记历史·学习中共党史""强国有我·最美奋斗青春"三个部分开展主题团日活动。通过

■ 冯如书院开展主题团日活动

重温入团仪式、开展党史学习会、集体观影等形式,激励同学们以实现中华民族伟大复兴为己任,坚持奋斗青春底色,坚定"请党放心,强国有我"的责任担当精神,将青春奋斗融入党和人民事业,不负党和人民的殷切希望。

士嘉书院

士嘉书院各团支部在分团委的领导下,以PPT文字讲解为主,音乐、视频、图片展示等为辅的方式,从视、听、说等多个角度激发了

支部成员学党史的兴趣。除此之外，齐唱团歌、党史知识竞赛等环节也加深了支部成员对党的历史的了解。通过此次主题团日活动，各支部成员在家国情怀中立大志，在党史学习中明大德，在实践中理解新时代青年肩负的伟大使命。

■ 士嘉书院开展主题团日活动

守锷书院

守锷书院分团委在进行了集体备课后，开展了重温入团誓词、党史学习会、入党动员三项活动。同学们纷纷表示，这次团日活动意义深远，既丰富了团员们的理论知识，让大家对党史有关的问题有了更深入的看法，也用多彩的形式激发了同学们的爱国爱党热情，埋下了为人民服务的信念的种子。

■ 守锷书院开展重温入团誓词、党史学习会、入党动员三项活动

致真书院

致真书院分团委响应校团委相关要求，组织开展《论中国共产党

历史》中经典篇目的研读、学习回顾时任校党委书记曹淑敏"开学第一课"内容、齐唱经典红歌等活动，有利于同学们树立正确党史观，落实习近平总书记"知史爱党、知史爱国"的要求，坚定中国特色社会主义道路自信、理论自信、制度自信和文化自信，同学们也由此许下"请党放心，强国有我"的坚定誓言。

■ 致真书院开展主题团日活动

知行书院

知行书院分团委结合观看电影、党史知识竞答、红色故事会、重温入团誓词等多种形式开展主题团日活动。在活动过程中，全体团员积极参与，以饱满的热情和铿锵有力的誓言展现出了知行人的家国情怀和责任担当。

通过此次学习，同学们对中国共产党历史有了更深刻的理解，更坚定了自己对党的忠诚信仰，对共产主义的忠实信念，今后会在日常学习中更加砥砺自我，拼搏向前，切实履行"请党放心，强国有我"的铿锵誓言。

■ 知行书院以多种形式开展主题团日活动

传源书院

　　传源书院分团委组织各团支部开展佩戴团徽、合唱团歌、学习习近平总书记的七一讲话等活动。此次团日活动结束后,同学们收获颇丰,纷纷表示作为在建党100周年来到北航的新北航人,更应接受党的教导与指引,以史为鉴、开创未来,为中华民族的伟大复兴而奋斗。

■ 传源书院开展佩戴团徽、合唱团歌、学习习近平总书记的七一讲话等活动

　　各支部在此次活动中充分发挥主观能动性,以各自所在学院的优势召开多姿多彩的主题团日活动,教育引导团员青年了解党的光辉历史、感悟党的初心使命、领会党的创新理论、体认党的精神谱系、传承党的红色基因,践行"德才兼备,知行合一"北航校训精神,立志把个人梦想融入实现中国梦的伟大实践!

北航第二课堂全新启动

◆ 推送日期：2021年10月20日

亲爱的大一同学们：

你们好呀！经过了一个多月的大学生活，你们是否已经逐渐适应了北航的生活节奏呢？想不想参加更多的活动，让自己的大学生涯更加多姿多彩？想不想收获更多的荣誉，让自己的大学履历更加丰富充实？

我校今年3月下发了《北京航空航天大学"第二课堂成绩单"（博雅成长记录）制度实施办法（试行）》，并于4月至7月在三个书院开展了一期试点。本学期，第二课堂全新启动！我们在一期试点的基础上，持续优化了管理服务系统功能，并开设学生组织主页、学生社团主页等宣传阵地。

■ 我校3月下发了《北京航空航天大学"第二课堂成绩单"（博雅成长记录）制度实施办法（试行）》

在这里，创新创业、社会实践、志愿服务、文体竞赛……活动应有尽有，样样精彩纷呈！

在这里，博雅课程、学工经历、技能认证、国际交换……立足广阔平台，实现全面发展！

在这里，结交朋友、提升素养、学习技能、拓宽视野……只要积极参与，定会收获满满！

什么是第二课堂？

作为第一课堂的重要补充，第二课堂是服务学校立德树人中心工作的重要阵地。我校历时三年打造了独具北航特色的第二课堂课程体系大纲，分为德、智、体、美、劳五大模块，每一模块下配设基础、进阶和院系特色三个类别。基础类是指我校学生大学四年间无特殊情况都能参加的基础活动项目；进阶类是指对本模块有较强支撑，根据学生自身兴趣爱好及个人能力，可自由选择的活动项目；而学院特色类则是指各学院、书院举办的富有本院特色的、品牌传承性的、可面向全院或全校学生开放参与的活动项目。

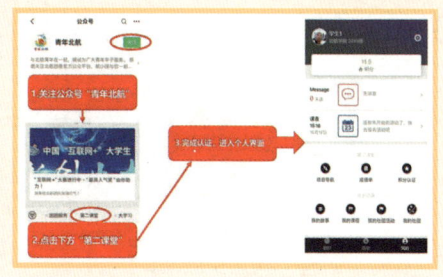

■ 第二课堂平台

实施平台是我校量身定制的北航第二课堂管理服务系统，系统操作也十分简便。仅需关注公众号"青年北航"，点击下方"第二课堂"并通过个人认证，即可登录个人主页，进行活动的查询、选择、报名与认证啦！

第二课堂具体包括哪些活动呢？

第二课堂的课程项目几乎囊括了我校第一课堂以外的所有活动。

"德"模块中目前包含校级党校、院级党建工作坊、青年马克思主义者团学骨干培训学校及院系特色活动等；

"智"模块中目前包含博雅课堂，各类荣誉获得情况，学生交换交流项目，职业生涯规划与发展，各种技能、职业资格认证及院系特色活动等；

"体"模块中目前包含身心健康、心理健康宣传月系列活动、积极心理体验中心专项活动、各类体育竞赛及院系特色活动等；

"美"模块中目前包含参观艺术展，观看、参演艺术剧目，参加艺术类竞赛，考取各类艺术考级证书，加入校级/院级艺术团，及院系特色活动等；

"劳"模块中目前包含各类志愿服务、创新创业、社会实践、学工经历、劳动元素文化活动及院系特色活动等。

第二课堂会有学分要求吗？

为区别于第一课堂的学分，第二课堂设立积分，但不设最低积分要求。学生通过参与活动项目获取积分，积分可以兑换小礼品呢！最

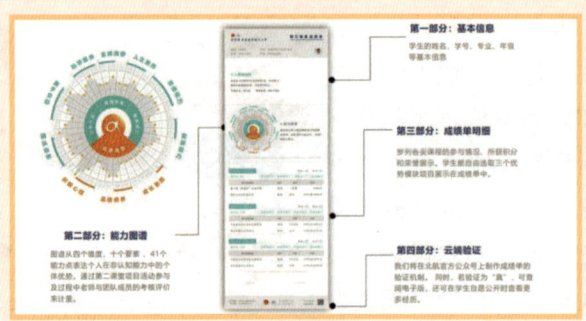

■ 第二课堂成绩单

后，系统还能生成一份第二课堂成绩单，这可是我们大学四年参与活动、获得奖项的全面记录和官方认证哦，不仅是送给自己的毕业礼物，也是求职择业的重要补充材料！

未来，我校还会探索更加完善的学分-积分转换方案，实施学分+积分的学分银行制度。怎么样？很期待吧！

第二课堂这么精彩，所有同学都可以参加吗？

别着急，本期试点工作面向2021级本科生开放，未来将会逐步扩大使用范围，最终实现本研全覆盖。

使用中遇到问题该怎么办？

我校各学院、书院均成立了设在院团委的第二课堂管理服务工作组，遇到问题可先咨询本院第二课堂管理服务工作组，或咨询学校第二课堂管理服务中心。

第二章 文化育人

列队完毕，请检阅|北航青年为中华人民共和国成立70周年献礼！

◆ 推送日期：2019年10月2日

忆往昔峥嵘岁月，中华大地沧桑巨变，换了人间。70年来，新中国站起来、富起来、强起来了。站在新时代的今天，站在这个比历史上任何时期都更接近中华民族伟大复兴目标的今天，广大青年都在为党和祖国喝彩，为未来续写新时代梦想的篇章。相信大家昨天已经感受到了庆祝活动带来的震撼，庆典中不乏北航青年的身影。下面，就和航小团一起来看一看，北航青年是如何用自己的青春汗水，为中华人民共和国70岁生日献礼的。

北航共有4100余名师生参与群众游行、广场合唱、广场联欢、志愿者服务等活动，北航青年想对您说：祖国，生日快乐！

 "向右看！"一！二！

报告首长，我航列队集结完毕，请检阅！

在沙河动员，北航青年整装待发；与祖国同行，千百学子共同献礼。在这个充满活力的方队里，每个人各展所长，用不同方式为阅兵训练助力。严肃的训练前，也少不了热身游戏，在游戏中熟悉彼此，在欢笑中拉近距离。

看他们脸上的笑容，那是青春的洋溢，是热血的沸腾。

那夜色中飒爽身姿是谁？是我

■ 列队成员们正在准备

们的学生骨干,那笔挺的脊背是他们热血方钢的展现。

终于拿上鲜花道具啦!看那少年脸上的笑容,是在和花儿比谁更绚烂吗?

亲历阅兵荣耀　一览烟火绚烂

在以"同心共筑中国梦"为主题的群众游行中,北航3561名青年组成了"关键抉择"方阵,成为改革开放部分的第一亮点。

 献唱祖国盛世

16首曲目,145名北航学子展现青年蓬勃的朝气,为祖国献上最美的音符。他们放弃了旅行休息、假期实践,甚至压缩考研复习时间,积极参与训练,学习演唱。为了演唱时能有更饱满的气息以实现更好的训练效果,他们把体能锻炼和有氧、力量练习相结合,在合唱的同时也锻炼了身体。

从发声方法到仪容姿态,从分声部识谱到集体合练,在老师和合唱团骨干成员的带领下,昂扬的歌声在排练室里回响。

躺在地上的腹式呼吸、边唱歌边扎马步、"啃梨"以体会唱歌时的"张嘴"……多样而有趣的方法让同学们快速掌握基础声乐技巧。

排排坐,排排站,跟着老师的指挥走,吐字气息显著提升。

他们聚集在沙河体育馆，那里响起的不只是激昂的歌曲，更是新时代青年们的热血与忠诚。

三个月的时间，他们用旋律唱响对祖国最美的赞歌，用歌声为祖国七十华诞献上最诚挚的祝愿！"有感情，有热情，有激情，有朝气，有底气，有勇气"，这是合唱团的排练目标，也是同学们切实履行的要求准则。

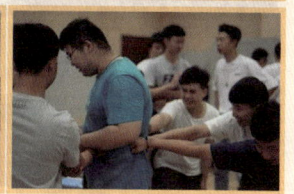

■ 合唱团同学正在训练

按时出勤校内排练，积极听取老师建议，及时改正存在问题，高效完成排练任务。

■ 合唱团整装待发，领导前来欢送

■ 合唱团现场合影

当青春演绎经典，便是我们眼中祖国最美的模样。

舞动青春　展望未来

给大家介绍一下联欢晚会最美舞蹈团，其中北航青年一共315名，他们来自6个书院和高等理工学院，这亮到反光的地板上，曾留下多少步伐与足迹！

跟着节拍挥起双手，那是我们心里的激情。

手中彩带舞起来，那是青春最美的色彩。

参与同学这样说：

"跳这几十分钟舞并不是一件简单的事，我是一个没有舞蹈基础的同学，老师教授的动作和音乐，我一开始总是跟不上。但是有一次一个动作，是所有人一起挥拳，三百多人一起做出来，颇有气势，我不禁开始期待上万人一起做这个动作的样子，心生感动，意识到参加这个活动真是一件幸运的事情。此外老师的悉心指导

■ 舞蹈团同学们正在训练

和同学们的热情帮助，我相信到那一天，我们一定能做得很好！"

10月1日晚上联欢舞蹈

看这夜幕里涌动着的蓝色"潮水"，如同我对祖国的爱，绵延不绝。

■ 联欢舞蹈现场直播

志愿后勤齐助威

在国庆70周年庆祝大会的志愿者队伍中，有来自北航的114名志愿者，他们分别负责观礼台引导和服务彩车代表人物，在服务中他们恪尽职守，无私奉献，圆满地完成了庆祝大会志愿服务保障工作。

志愿者们集体培训，加强青年团员思想教育引领。

组织青年集体观看《建军大业》，回顾学习中国军人为新中国"铁血铸军魂，舍己保家国"的精神。

纪念碑前缅怀先烈，重温入团誓词。

志愿者团体集结出发，领导前来欢送。

盛世庆典，他们用志愿服务为祖国庆生。

70年前，祖国母亲从风雨中走来，而今，北航青年，看祖国日新月异，繁荣富强。新时代，北航青年定将不忘初心，砥砺前行！牢记使命，空天报国！

■ 志愿者培训

第二章·文化育人

■ 志愿者的现场风采

【艺研所】抗疫朗诵大会，小艺帮你请来了"北航声线"，声控不可错过！

◆ 推送日期：2020 年 3 月 22 日

不知不觉，已经开学近一个月了。这一个月里，主持团的大伙儿都在干什么？早晚功和原定的寒假集训，最后都进行了吗？让我们一起来看看吧！

尽管主持团的小伙伴们，身在五湖四海，但只要云会议一开呀，大家的心马上就能汇聚在一起。两周的时间里，基本功、新闻播读、即兴评述……该练的一个也没有落下！

暖阳依旧

这是一个落叶白霜的凛冬，姑娘们的行迹却赋予了与往常无二的时间，以不凡的壮丽感。新冠肺炎疫情袭来，她们不是柔弱无助的代名词，而是冲锋陷阵的顶梁柱。迎着刺骨的寒风，戴上护目镜，穿好防护服，这世间太多温柔的力量在负重前行。她是一个母亲，一个妻子，一个女儿；她是白衣天使，人民公仆，共和国的守望者。悬壶济世，医者仁心，奔走基层，不舍昼夜，英姿飒爽，赴汤蹈火，纵使你也会有不舍。

妈妈，我会做你最拿手的豆腐干炒腊肉了，你什么时候能回来？

我知道，虽然平时不会说，但你一直为自己医生的职业骄傲。你从小就教我，医生，是用最坚强的心与最稳的双手去挽救最危险的生命的人。妈妈，你在我心中，一直就是那个最坚定不移、最大爱无私的人。

那一晚我和爸爸送你去机场，隔着口罩亲吻你的脸颊。当我目送你和同事叔叔阿姨们推着行李的白色身影消失在安检口时，我意识到，这将是我此生，最难忘的一个除夕夜。回家的路上，烟花从地面飞起，在夜空中绽开绚烂的花火。它们，也在祝愿您此去平安吧！

背负心中的恐惧和沉重；背负家人的反对和担忧，你以长发换效率，收拾行囊，整装出发，用最热诚的信念，浇灌出最坚毅的花朵。香气袭来，抚过心中的信仰。你带着使命走来，巾帼不让须眉，这是你的期许；这是你的承诺；这是你的使命。

我理解您的选择，因为我也选择了医生作为我未来的职业。面对突如其来的伤害，总要有人去为大家抚平伤痕。为了大家，从前您很少有时间能接我放学回家、陪我看电影，但还是努力兼顾生活和工作，只要有时间，就会为我做那道我最喜欢、您也最擅长的豆腐干炒腊肉。那双治病救人的手做起菜来，也还是那么出色。

妈妈！您辛苦了！我愿未来也能成为一个和您一样优秀的女性，能真诚地爱护着自己与家人，能平等地爱惜着每一个受伤的身体与灵魂。

春天到了，我等您在春暖花开的时候回家，尝尝我为你做的菜。

疫情暴发，灾祸蔓延，你看见了苦难中的同胞，感同身受，眼中有泪，心中有痛。越是望向危险的前线，越是坚定，越是紧绷。不放松，不认输，不屈服，不泄气，接受考验，咬牙坚持，脚步不停，披荆斩棘，直面危机的汹涌，无惧考验的淬炼。

"凡是过往，皆为序章"，因为有你们，明天过后，太阳照常从霜花晨露中升起，照耀到每个人的心中！

云集训和女生节朗诵会结束后，在团长的号召下，大家纷纷拿起笔，写下自己"战疫"的心声，传递自己对战胜疫情的祝福。

让我们一起来看看吧！

什么？还没有看够？不要着急，接下来就是我们的重头戏啦！作为主持团的成员，除了用笔写下祝福，大家都各自准备了抗疫的朗诵，作为向武汉的声援，同时表达自己对于一线医护人员的敬佩，以及对中国人民众志成城的赞叹之情！

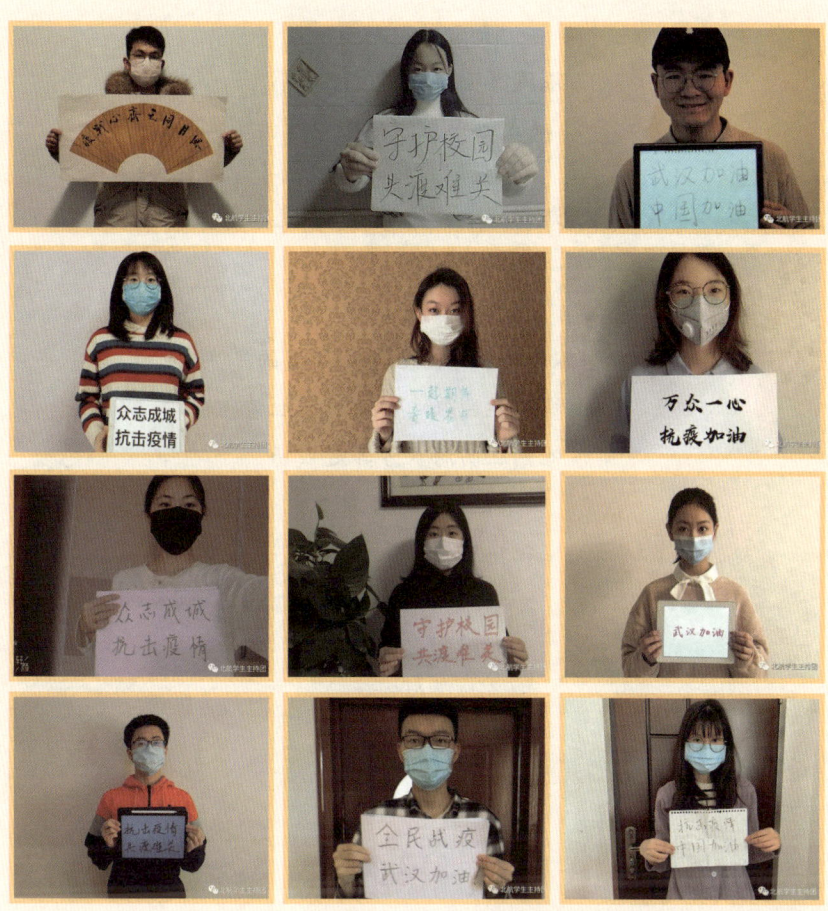

■ 主持团同学们传递自己对战胜疫情的祝福

姜雨彤

冯如书院　2019级

十二月，潜伏

一月，惊变

二月，沦陷

这是一个最冷清的春节

大雪不期而至
寒风凛冽，街道空空荡荡
这是一个最温暖的春节
我们共赴时艰
九州一心，守护山河无恙

病毒携黑暗席卷大地
却挡不住请战书上红手印散发的光亮
却挡不住白衣之下灵魂的红装
他们从四海八方奔赴战场
他们何尝不知
疫情难料，生死茫茫
他们何尝不想
合家团圆，欢聚一堂
但
他们毅然奔赴前线
守举国安康

疫情如恶魔肆虐神州
却击不垮生命的坚强
却打不败团结的力量
华夏儿女手牵着手，心连着心
共同支援这没有硝烟的战场
火神山医院平地而起
十四亿物资抵达前方
我们一起见证中国速度与力量

严寒即将结束
温暖重归人间

不久后的华夏大地
定是万象更新，熠熠生光
我相信
九州一心，山河无恙

孟文沁
宇航学院　2017级

这是一个2020年平凡的冬季
却正创造着不平凡的时代记忆
一方有难
八方支援
疫情当头
一群群可爱的人儿
勇敢逆行
他们是在前线出生入死的白衣天使
他们是在后方
铸就铁血堤防的人民群众
他们是奔走宣传的基层干部
他们是部署全局的国家领导
他们亦是为抗击疫情
拼尽全力的中华儿女
面对国家的需要
人民的召唤
他们挺身而出
大声说着"我愿意"

是他们的大爱，坚定，无怨无悔
在我们每个人心中打下一剂定心针
让我们相信春天总会到来

这一场突如其来的灾难
这一场没有硝烟的"战争"
这一次与新冠肺炎疫情的斗争
这会是我们这一代共同的苦难记忆
疫情过后
我们都应该成为
更坚强更勇敢更有爱的人

既然没有机会着上那一身白衣，
奔赴前线
那就让我们在这场疫情战斗中
为你们擂鼓呐喊
用无边的感激谱成曲子
为你们唱响这个季节最美的歌

众志成城
终将战胜疫情
中华同心
冬天终会过去
春天亦将到来
加油武汉
加油中国

田雨轩

士谔书院　2019级

亲爱的，你是这个冬天最美的风景
你在请战书上毫不犹豫按下指印
那指印，红色的指印
是这个冬天提前盛开的一朵朵玫瑰

你在病房前毅然决然剪下秀发
那秀发，乌黑的秀发
是这场征途直击人心的柔情似水
今夜，你转身，逆行
你的背影让人心疼，又那么美

亲爱的，我不知道你是谁
但我知道
你有一位医者笃定的坚守和使命
你也有一位战士钢铁般的脊背
你与时间赛跑、与死神赛跑
你舍不得脱下湿透了的防护服
就像你无视脸上的勒痕、脚底的血泡
你靠着墙壁都可以入睡
你疲惫，你又忘记了疲惫

亲爱的，你说
你说黎明必将到来
你说此去是为了希望
连一声道别都来不及
你就奔向没有硝烟的战场
你给长哭不止的离人一个无声的拥抱
也给逆风而行的战士一个长久的敬礼
今夜，一种沉重的悲伤
却不能以泪水相告
大地充斥着寒冷和恐慌

亲爱的，你说
你说不管明天能否见到太阳
天使都要引领光明

红星就要闪耀在战场
你说情在心底，义在肩上
你说今夜
不要埋怨脚下的磕绊与坑陷
石头正在努力碎成平地
冰雪正在努力融化自己
地下的根系在潜滋暗长
天上的群星正洒向东方

今夜，可能比任何梦境都长
你在生命之内
为那些带着遗憾远去的人
抚净风尘，守好愿望
你在时光之上
为那些担着使命前行的人
留住出路，标清方向
你我曾许诺一世盛唐
注定把飘洒的泪水放在心上
你告诉我
明天到来，所走之地皆是辽阔
春天将至，所看之处皆是百花齐放
今夜，星群透亮，
为路上的你指明方向
指向充满汗水、孤独，
也充满希望的远方

可是今夜你不能睡去
今夜你留在荆楚大地、千湖之乡
此刻，你忘记了你自己
此刻，我把诗歌献上

你是一滴水，一条江
点滴汇聚成大爱的汪洋
你是晨光，你是星火，你是太阳
终能汇聚成磅礴的力量
你是大爱无疆的写照
你是众志成城的浓缩
你是默默担当的中国脊梁
向你致敬，勇士
向你们致敬，勇士们
你，你们，是这个冬天最美的风景
万紫千红的春天正在你的肩头绽放
为我，为我们
抵挡凶恶病毒的侵蚀
消灭一切瘟疫的嚣张
我们，向你们致敬、致谢
九百六十万平方公里的平安
由你们守护
中华儿女安心的责任
我们共同担当！

杨阳
知行书院　2019级

2020本是极其普通的一年
一场史无前例的新冠肺炎疫情侵入华夏
打破了新年伊始的平静
相关部门迅速做出反应
各地白衣天使也都奔赴战场
火神山、雷神山的建筑工人
薪资未谈妥就冲向前线

有人说他们顾全大局
有人说他们自我牺牲
更有人说他们是英雄
在我眼里
他们是和我们一样的普通人
在疫情暴发之时
不顾个人安危
只为祖国能拥有美好明天!
我们之所以赞颂勇气
是因为人类总是在明知风险的时候
仍然选择做我们该做的事!
钟老先生说
武汉本来就是一座很英雄的城市
中国本来就是一个很英雄的国家!
现在明白
国泰民安就是
车水马龙
人声鼎沸
原来和小伙伴一起相约驰骋球场
和好友约好在咖啡店谈天说地
等日常再寻常不过的事
如今也成了一种期待
哪有什么岁月静好
不过是有人替你负重前行
在此
向"战役"中的所有工作人员致敬!
疫情当前
作为当代大学生的我们
要主动担任"守护者""修行者""识途者"
相信我们只要万众一心

就没有翻不过的山
　　只要心手相连
　　便没有跨不过的坎！
　　相信在全国众志成城之下
　　冬日的阴霾必将散去
　　　待到春暖花开
　　　再赏中华山河

胡语佳
知行书院　2019级

　　　今年
　我们正在走过一个特别的冬天
　　　新型冠状病毒肆虐
　全国上下都在打着这一场疫情阻击战

灾难之下，我们的英雄无比坚定
　　与病魔战斗的医务工作者
　　社区值守的普通民众
　　研究药物的科研人员
　奋战在防控一线的公安民警……
他们用行动诠释着什么是真正的大爱
　　　什么是无所畏惧
什么是将生死置之度外的人间真情！

灾难之下，我们的国家无比坚定
　火神山医院短短十天便拔地而起
　　中央第一时间防控部署
物资从四面八方运来、从国内国外运来、从志愿者手中运来
　　　这速度的背后

是同舟共济、坚不可摧的中国力量
是我们不会抛弃任何一个中国人的
铮铮誓言

虽然我们正在走过一个特别的冬天
虽然我们正在经历一场严峻的考验
但是只要所有的中国人团结起来
相信我们伟大祖国的力量
相信我们坚毅的中华人民的力量，
就没有什么是不能克服的
加油武汉！我们共渡难关！

康兆一
士嘉书院　2019级

  这是第十九个待在家中的日子。停滞的空气，躁动的尘埃，还有升起又落下的太阳。此时发生的一切仿佛与它们无关。它们热切地在每个清晨唤醒我的意识，又在夜里催促着我快快入睡。在如此无趣的日复一日里，我时常翻着微博上实时更新的疫情消息，看着朋友圈中同我一样百无聊赖的人们发着或是激昂或是抑郁的文字，感到一阵阵的枯燥与压抑。我一边思索着如何熬过今天，一边抱怨着这场打乱了我宁静生活的瘟疫。

  我拉开窗帘，看到曾经熙熙攘攘的商业中心，现在虽已门可罗雀，但还是有两个戴着口罩的环卫工人忙忙碌碌；萧条的街道上，冷冷清清，定睛一看那里还有几个格格不入的红灯笼倔强地摇摆着；城市里最大的人行天桥，现在虽空无一人，但桥上那个坚强抗疫的横幅却在冷风中傲然飘扬……此时我终于意识到，在中国人的字典里，从没有认输二字。我此时的消极与颓废怎么配得上坚强的中国气质。我知道了，这场"战役"，这场发生在最广阔的中国大地上的"战役"，是一场全国人民都要打的、不允许失败的仗。

  在家中的我只能在看到一线医护工作者被汗水打湿的防护服时，感到鼻尖的一阵酸楚，却连一声简单的谢谢都无法送达。当我执笔写下这篇文章时只觉得自己苍白的文字在生命和国难面前的卑微与无力。我想告诉那些失望的人们山河依旧在，家国永不倒。正义永远不败，我们永远怀着希望奔向美好，这难道不是我们从读童话故事开始就怀揣着的信仰吗？2019年10月1日，我们举国同庆祖国70周年华诞的壮丽图景仍历历在目，在国家陷入困境的今天，我们难道不是更应该怀着满腔的孤勇和必胜的信念走下去吗？峥嵘的历史图卷，巍峨的大地山河，在敌人的压迫下，我们不曾气馁，在天灾的侵蚀下，我们浴火前行，时至今日，区区冠状病毒也必然不会击退我们！

  中华民族立于世界之林，且不说五千年多少兵荒马乱的年代都未曾阻挡住其前进的脚步，2003年的非典、2008年的汶川地震也没能击垮我们丝毫。中国人从来都是火海中的蚂蚁球，从岩浆滚滚的炼狱中走过，我们总能到达光明的彼岸。

  又是清晨，我睡眼惺忪，空气、尘埃、阳光都如约到来。我知道，一切都会好的。

周芃

知行书院　2019级

闭上眼睛，我就站在武汉的街头
  我看见你
失去母亲的女儿追着殡葬车喊妈妈
  延迟婚期的医生却感染离世
年逾古稀的老人急切地请求，救救我的孙女

很多人都凭着这样的方式和我站在一起

默默地看着，默默地流泪
默默地听着江流鸟飞，还有心碎

睁开眼睛，我离开武汉
我看见你
医疗器械工厂负责人一个人搞定整条生产线
年轻的社区工作人员奔走在住户之间
云南的寨子说，这二十二吨香蕉，希望你收下

很多人都凭着这样的方式和我站在一起
默默地看着，默默地流泪
默默地鼓掌，还有将自己奉献

武汉的风柔软舒服
一下一下告诉我
不要辜负，不要辜负

向思静
航空科学与工程学院　2018级

身在方寸，心存万千
"2020"
是个浪漫的数字，爱你爱你
但2020的这个冬天并不平凡
那个九省通衢，樱花烂漫的城市
如今，紧张，寂静
但却也有无数坚定的身影逆向而行，穿梭其间
践行着无悔的誓言

"在这个特殊时期,你看到了什么,又记住了什么,
你为什么感动不已,又为什么彻夜难眠?"
身在方寸,心存万千
我听见,我看见,我铭记
是九州四海牵系一城的心跳脉搏
是白衣战士彻夜挑起的星星灯火
是为世界所惊叹的"火神山医院十天拔地而起"的"中国速度"
是无数平凡岗位上在家国大义前不平凡的风骨

你为什么流泪?
卸青丝三千,着白衣仗剑
护目镜下,我看见你奉献的印记
纸短情长,我将思念置于你们的行囊

在这个不平凡的冬天里
舍去了一身的春光明媚
选择了杏林春暖,白衣济世
无数个不眠的星夜里
一双双坚定的手在与时间拉锯
一往无前者,挺身而出者,救死扶伤者,舍己为人者
他们是"国家的孩子"
更是"国家的脊梁"
因为如此,才有山川垂拱,长河磊落

你为什么而感动?
穿越南国风烟,北域冰雪
我听见你的声音

今天,是我们全家在家隔离的第32天。回顾这个过程,心情早已

第二章·文化育人

经不是最初的紧张、焦虑、不知所措和无尽的担忧，而是充满了温暖、信心和希望。

我住在湖北省黄冈市一个普通平凡的小镇，虽然不繁华但热闹温馨。疫情受到关注的最初几天，我每天频繁地浏览网上的各种报道推送和评论，我为已经确诊的病人感到无助和焦急，我为前往一线的医护人员感到骄傲却担忧。因为离武汉很近，我很担心我身边的人可能已经不知不觉地感染病毒，我为在医院工作的表姐而担心。

不过很快，我收到了来自学校老师和五湖四海的同学发来的问候。辅导员的细心询问让我心里暖暖的，老师的在线授课，让我仿佛又回到了课堂，曹书记、徐校长的亲切关怀让我感到了身后强大的依靠。北航，我的学校，我的另一个家。在接下来的时间里，我会规划好自己的时间，科研学习，运动烹饪，辅导弟弟妹妹，和爸爸妈妈一起做家务，我相信，只要我们坚持下去，这场"战疫"就一定会胜利。我真的很感恩，感谢每一个帮助我们的人。我永远为坚持动容。

冬天已经来了，春天还会远吗？

"战疫"中

你，是谁的女儿，又是谁的母亲？
你，是谁的丈夫，又是谁的战友？
那么多关切的目光在身后注视你的背影
　无数句叮咛还来不及装进行囊
　　可是
不能等待，不能停滞，不能退缩！
　每一次疫情感染人数的更新
都是一个个鲜活跳动的生命在呼唤救援
　为了追逐来自远方的哭声
　　我们只能不停向前！

　我们听见，我们看见，我们铭记那么多的感人故事

这场病毒的席卷之下
我们度过了一个不平凡的庚子春节
"少出门，不聚集"
我们以微小的力量和方式做出自己的贡献
网络打卡，线上联络
每一次"报平安"都是一份心安
消息来自祖国的四面八方
心却始终系在一起
这一次
没有大面积的春运
只有全国各地驰援武汉的身影轨迹
没有火树银花不夜天
但却有人性的光辉如灯如炬，彻夜不息

待你回家
待你们回家
彼时花开正好，盎然风光
我们都可走上街头
看迟到的
"东风夜放花千树，更吹落，星如雨"
彼时 山川依旧 风月如常

（亲爱的爸爸妈妈，你们好吗？你们俩在一线抗击疫情，我很担心。钟南山院士说，武汉是一座英雄的城市；大家都说，你们是抗击疫情的"英雄"。但我还是感觉"英雄"这个词似乎离你们有些遥远，你们乃至千千万万的武汉人，不就是我最熟悉不过的普通人吗？作为医生，是永远不会置病人的安危于不顾的，无论是如今的灾疫面前，还是平时。在武汉，在我长大的地方，我的老师同学、亲人朋友，这些再熟悉不过的存在，都在以这样平凡而又不平凡的方式为这座城市、这个国家献上自己的力量——哪怕只是紧闭门户、谨遵医嘱。这是座平凡的英雄的城市，这是我的家乡啊。请放心，我一切都好，你们在医院一定要好好照顾自己，你们俩的健康是我唯一的期盼！我等着你们平安回来！）

　　看完这些稿件，盼望着疫情过去的心愿更加强烈了。感谢每一位在抗疫中奋战的英雄，我相信，在全国人民的努力下，这场防控疫情阻击战的胜利就在眼前！感谢这些稿件的作者，以及在这次朗诵会中给予我们指导帮助的老师和同学！愿我们能早日校园再会，小团团冲冲冲！

【北航舞台】毕晚云回顾——"我和我的北航",小艺在这里等你哦!

◆ 推送日期:2020年3月23日

毕业晚会回顾

　　一年一度的毕业晚会,是北航送给即将离开她的学子们的最后一份礼物,这份礼物新颖、活泼,包含着对于母校的珍贵回忆,目前还无法回到北航的怀抱,那我们怎么能这么着急跟她说再见呢?听着这首好妹妹的《不说再见》,一起回忆去年的毕业晚会。

毕业晚会现场之一

　　希望今年也有这么多人参加的毕业晚会,"切主屏!"

　　大家好,这里是2019年毕业晚会"我和我的北航"回顾现场,我

第二章・文化育人

是航小艺！

■ 毕业晚会现场之二

虽然掐指一算，2016级在北航只剩下不到100天了，但是你一定不可以失落，一定不可以悲伤，因为有小艺陪着你呢！今天我挑选了几个精彩的节目，一起来看看吧！

音乐剧——《青春环游记》

■ 音乐剧——《青春环游记》

首先是，音乐剧——《青春环游记》，由当年的校园十佳歌手和阿卡贝拉清唱社的北航好声音团体演绎。

仔细听，歌曲里面加入了很多北航意向。不同场景展示了在北航学习、生活的一天和我们四年的成长的历程。

音乐剧节目的排练也是几经波折，为了给大家呈现出最好的舞台效果，演员和导演排了一遍又一遍，即使再疲惫也要在台上合光、走点位。

你我"TA"街舞

■ 你我"TA"街舞

这音乐剧可真是太棒了，哎？小艺！你上过金工实习吗？

那当然了，我的小锤子可是全班第一名呢！

那你可太厉害了，接下来这个由街舞社同学们编创的街舞作品就是以金工实习的经历为原型，讲述了初次实验的状况百出，在老师的指导下完善操作精心打磨，最后成功地打造出一柄锤子。

听起来就很有趣！北航学子把在实验上体现出的工匠精神带到舞蹈作品里，结合酷炫的舞台灯光和动作编排，我都迫不及待啦！

街舞社实在是太强了，各种舞种都能驾驭自如，小艺有时间也想和小哥哥小姐姐一起跳帅气的舞蹈呢！你看，街舞社的帅气那是常态！

■ 街舞表演现场

照片流+《岁月神偷》

磨锤子也太费时间了，小艺，你觉得在北航一分钟能干什么事情吗？

那也太短了，我觉一分钟我可以走下台，和徐校长一起合个影！咱一会儿见啊！

■ 照片流+《岁月神偷》

等会儿，接下来这个《北航一分钟》节目收集上来的毕业生大一、大四对比照片投放在大屏幕上，现场歌手演唱《岁月神偷》，体现同学们大学四年间的成长。

都怪你，我都没机会合照了！

谁叫你那么着急，我不是说了，演完给你机会嘛！

行了，你理由最多！同学们，看了上面的节目你是不是也开始摩拳擦掌了呢？当然还有其他节目哦！

■ 乐队演唱《第一天》

乐队演唱《第一天》

high翻全场！first day！第一天！yeah！

■ 见字如面——教工写给你的告别信

见字如面——教工写给你的告别信

邀请了食堂的瓦罐大叔、图书馆保安小姐姐等，十足的回忆杀，备好纸巾啊！

■ 老师和同学的对话

老师和同学的对话

平日师生之间难以言说的温暖，以话剧形式呈现。是不是想回到教室再上一节课呢？

■ 辅导员联唱

辅导员联唱

管了大家四年的导员，今天也要为你唱首歌，遇见你的小幸运！

回顾｜"百团"&迎新晚会&校歌赛，一展北航青年风采

◆ 推送日期：2020年10月25日

上周末是一个不平凡的周末，场面壮观的"百团大战"、热闹非凡的迎新晚会、激动人心的校歌赛，都在短短的两天时光里充实了Buaaers的校园生活，下面就和团团一起回忆我们走过的社团摊位，看过的社团表演，赞过的校园歌手吧！

"百团大战"

今年，北航共有90余个学生社团在学院路校园南路广场、沙河公寓十字路口广场开展"百团大战"招新活动与两校区迎新晚会。各具特色的社团为学校的发展建设提供力所能及的支持，为广大师生提供服务保障，组织青年学生开展各类活动。"百团大战"由校团委主办、社团中心承办。

科技类社团

"科学的幻想归根结底是科学和技术的大胆创造。"

或徜徉在星空之外，或游荡于电子之间，或深入理论的钻研，或操作精密的实验，科技类社团为了自己所钟情的领域而坚持始终，展现着北航学子科学技术的风采。

▶ 科技类社团"百团大战"现场

人文类社团

■ 人文类社团"百团大战"现场

"科学立基，人文始终。"

在这所理工氛围浓厚的院校里，盛开着一朵朵人文之花，这里有书画文学的探知，也有深入人心的求索，志同道合的同学们一定会找到属于他们的答案。

实践类社团

"用理论来推动实践，用实践来修正或补充理论。"

每一天都要比昨天过得更有意义，实践类社团们在诉说着故事，关于公益，关于星星，关于希望，关于内心，让自己的生命在一个个动人的故事里闪闪发光。

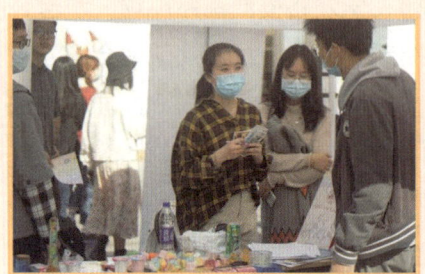 

■ 实践类社团"百团大战"现场

艺术类社团

"艺术远不及生活重要，但如果没有艺术，生活就非常贫乏了。"

北航的校园里从不缺少艺术的气息，拨动的琴弦，悠扬的歌声，跃动的舞步……艺术类社团就像是一支支画笔，为这个灰色的季节添上一抹亮色。

■ 艺术类社团"百团大战"现场

体育类社团

"生命就是运动,人的生命就是运动。"

生命在于运动,体育类社团总能让人感受到青春的激情和充沛的活力,从足球排球到武术游泳,深受同学们喜爱的体育项目让人领会到体育世界的丰富多彩。

■ 体育类社团"百团大战"现场

团团有话说：

学生社团就像调味剂一般，使我们的大学生活变得丰富多彩，有滋有味。各具特色的学生社团组织青年学生开展了各类活动，在这个过程中我们应当全面锻炼自我，提高思想认识、综合素质和能力水平，努力做到德智体美劳全面发展。希望大家都能找到自己喜欢的社团！

迎新晚会

2020迎新晚会紧接着"百团大战"举办，继白日丰富多彩的活动后给全体同学带来了更进一步的震撼。迎新晚会共设置三个部分：心意、歆忆和新翼，别出心裁，蕴意丰富。心意代表真心，歆忆代表回忆，新翼代表祝福。现场节目形式多样，舞蹈、魔术、话剧、歌曲，一应俱全，直指当代大学生喜好。

第一部分：心意

■ 2020迎新晚会现场之一

Maniac街舞社的街舞串烧点燃全场，在街舞社小哥哥小姐姐的舞姿中，青年人的青春与活力得到了充分体现，台下的欢呼声也带动全场气氛逐渐升温。

一首《Don't blame me》将故事娓娓道来。

而未来剧社的《他已不在》更将剧目搬上舞台，体现北航学子多方位发展的能力。

还有北航音乐协会带来的吉他演奏曲目《42》灵动

悠扬,"声"入人心,传达生命主题。

　　Ace魔术社的表演《偶然》牵动人心,到底是巧合还是神秘的心理学暗示,你是否有答案?

　　指舞吉他社成员所演奏的《成都》,在加入笛子元素后,带给观众们新的惊喜。

第二部分:"歆忆"

　　一首《光阴的故事》把观众们带回到过去时光,回顾过往,北航人做出了巨大成就,在今后也将为社会、为国家做出更多贡献。

　　钢琴声响起,《Paradise》的曲调在琴键上绽放,年少的梦想与现实的艰苦磨难相互碰撞,却始终坚信憧憬的paradise,即始终怀揣心中的理想。

　　钢琴演奏后,一曲清唱的《追光者》空灵优美,逐光而行的画卷在面前铺开,这正代表着每个追梦人,跟着光不断前行,依然相信阳光下的彩虹,初心不改,一如既往。

　　吉他独奏《Landscape》与钢琴演奏的《加勒比海盗主题曲》将现场气氛推向又一个高潮。在《凌峰之音》下现场气氛登上顶端,正如凌峰社勇攀高峰的精神一般,不惧艰苦,敢于登攀,在一个个领域做出属于北航人的成就。

■ 2020迎新晚会现场之二

　　还有由星月口琴社、钢琴协会带来的演奏曲目《贝加尔湖畔》,给现场观众们带来一场无比享受的听觉盛宴;渊澈汉服社的小姐姐身着汉服,舞姿翩翩,优雅呈现《礼仪之邦》;北航钢琴协会成员演奏的《幻想即兴曲》将现场观众引入音乐大师肖邦的艺术殿堂。

第三部分：新翼

■ 2020迎新晚会现场之三

飞梦ACG联盟乐队演唱的《若能绽放光芒》表现出每个人都具有极大的潜力，鼓励努力绽放属于自己的光芒；而接下来的《盛夏光年》连用音调渐高的一句句"我不转弯"，唱出青葱岁月的热血无畏。

《Like a star》《打上花火》两首吉他独奏带领观众进入清新梦幻的音乐世界；《守护飞行员梦境计划》这首歌，既是对所珍视的人梦想的守护，也是对北航空天报国梦的守护。

还有Beat BOX solo，多语言演唱的《告白气球》……

团团有话说：

一个个节目，体现了咱们北航人的多才多艺，也体现出学校支持学生全面发展的特色。在这些精彩的节目后，是演出者日复一日的练习，以及内心对梦的坚守。愿在本次迎新晚会后，每一个北航人都能够不忘初心、敢于攀登、心怀梦想、追逐光芒！

 校歌赛

10月17晚，由共青团北京航空航天大学委员会主办，材料科学与工程学院、北航学院士嘉书院联合承办的北航第七届大学生艺术节个唱专场暨"廿廿回响"第25届校园歌手大赛决赛在晨兴音乐厅璀璨上演。中国音乐学院教师、资深音乐人金晓；北京师范大学亚太实验学校音乐老师、合唱团指挥杜妍；《中国好声音》第三季杨坤组四强、华语原创歌手李文琦以及往届校园歌手大赛优秀选手受邀作为评委出席比赛。

决赛在北航coast coco乐队的精彩表演中拉开序幕。

■ 第七届大学生艺术节个唱专场暨"廿廿回响"第25届校园歌手大赛

第一轮：对抗赛

十佳歌手通过抽签两两对决，胜者直接进入第二轮，败者进入待定席。

第一轮比赛选手竞演

热情四射的《你敢我就敢》，轻快慵懒的《I love you 3000+我想》，悠然婉转的《Forever Young》，高亢清亮的《回来》，十组歌手强强对抗，为观众奉献了一场视听盛宴。经过紧张激烈的角逐，安晓萌、葛赛西、童心怡、赵河森、润雨瑄直接晋级，50位大众评审投票复活了段晓玥、赵梁煊组合。

自2019年起，北航校园歌手大赛增设了原创通道，挖掘北航学子的创作才华，用音符描绘北航人的青春风采。经过网上投票和专业评委评分，段晓玥同学所创作的《Ghost》一举夺得本届最佳原创歌曲，并唱响在决赛舞台，带给我们灵魂的震撼与感动。问及创作初衷时，段晓玥谈道："每一次挫折的打击都会让你变得更加强大，迷雾终将散去，我们将迎着晨曦的暖阳，再次生长。"

■ 校歌赛决赛现场

历经不凡，方见情终。受新冠肺炎疫情影响，本届校园歌手大赛的初赛和复赛移至线上平台举办，但同学们参与的热情不减，大会组委会还收到了众多立意深远、构思精巧的原创作品。廖星亮身在武汉，深刻感受到来自全国各地的关怀，他说："爱就像引力，将所有人聚集"，用心用情地创作了作品《引力》。

在这场没有硝烟的战斗中，一批批北航学子身在方寸，心存万千，他用歌声在现场带大家重温了那段众志成城、感人至深的抗疫时光，用创作为勇担使命的青年北航人点赞！

第二轮：挑战赛

选手按照投票顺序依次演唱，每位选手演唱完毕后，其余选手可选择发起挑战，折合后评委打分的前三名将站上巅峰对决的舞台。

第二轮比赛选手竞演

紧张刺激的赛制充满了"火药味"，意料之外的对战组合让观众大呼过瘾。选手们的演唱受到了评委的高度评价。

第三轮：冠军争夺赛

挑战赛前三名选手争夺桂冠。

在激动人心的冠军争夺赛中，赵河森演唱的《离人》，以高超的技巧和深情的演绎征服了现场的观众和评委，摘得本次比赛的桂冠。段晓玥、赵梁煊组合和童心怡分别获得亚军和季军。润雨瑄获得了最佳人气奖。

■ 决赛颁奖

尾声

回望来时路，充满坎坷，充满感动；
眺望前方途，遍生惊喜，遍是希望。

决赛尾声，嘉宾李文琦为我们带来了《对过去说Goodbye》《流星》，将现场气氛推向了高潮。

比赛在孙泽菡演唱的"廿廿回响"北航第25届校园歌手大赛主题

曲《廿廿回望》的旋律中圆满落幕。

　　值得一提的是，本次校园歌手大赛决赛通过b站等线上平台进行了专业的同步转播，最高人气达到了3.1万播放量。屏幕前的观众纷纷把"青春抗疫，与国同航""祝北航68岁生日快乐"打在弹幕中，为北航68周年校庆献礼。

■ 校歌赛转播现场

团团有话说：

　　北航校园歌手大赛是在校内外具有广泛影响力的大型文艺活动，为北航人搭建了实现音乐梦想、展示歌声与风采的舞台，至今已成功举办25届。同时，在校团委的大力支持下，原创通道的不断升级为众多原创音乐人才提供了成长的沃土。愿更多充满活力和才华的北航学子在音乐的道路上踏歌前行！

　　时间正翻动着书页，而对社团活动、校歌赛的积极参与，正是我们在书页上留下的浓墨重彩。团团希望每一个北航学子，都能以青春的姿态，在时间的书页上抒写青春的华章！

声震九霄！愿所有北航人不负韶华，光芒万丈！

◆ 推送日期：2020年12月8日

2020是极不平凡的一年，寒冬再漫长也未能阻挡春天的脚步，灾难虽巨大，但始终压不垮英勇的中国人民。

总有奉献的光点亮前行的路，总有奋斗的青年丰盈时代的气度，少年强则中国强。这场晚会，通过诵读，向舍生忘死的抗疫英雄们致敬，为勇担使命的青年一代点赞。

12月5日晚7点，"少年强，则国强"北航2020年终诵读专场暨"一二·九"文艺系列活动在晨兴音乐厅举办，本次活动由校团委主办，北航学生主持团承办，学校各部处领导及全校400余名师生共同观赏了活动。

■ "少年强，则国强"北航2020年终诵读专场暨"一二·九"文艺系列活动

该活动旨在全面贯彻党的教育方针，进一步增强学校美育教育在立德树人根本任务中的重要作用，同时继续做好北航高水平艺术团在北航美育教育中的排头兵角色，引导北航师生坚定文化自信，弘扬优良传统，坚持守正出新，不断为北航精神输送新时代中华文化的新力量。

"战役" 北航力量

序幕拉开，主持团原创诗朗诵——《身在方寸，心存万千》登上舞台。以诗言志，以情动人，用最真实的笔触，歌颂每一个"凡人"。"青春抗疫，与国同航"宣讲团，从线上到线下，同样来到了活动现场，再次带大家重温这段温暖至深的抗疫历程。

■ 原创朗诵《身在方寸，心存万千》

"这场疫情让我们每个人、整个世界都变得不确定，可能很多同学也都开始变得焦虑，因为不确定，拿什么面对前方的不确定，我觉得唯一确定的就是拿出一个更好的你自己。

今天，我们看到高睿阳在疫情最严重的时候逆行志愿，他是一个参与者。我们看到温明珠拿起话筒做这个时代的记录者，张严文用自己的专业学识为疫情预测提供了数据保障，争当疫情的研究者，何源在全社会复工复产的时候回到乡间直播为农民带货，他是一名亲历者。

我和国内的同学们一起打了上半场，和国外的同学们打下半场，我会一直陪伴着同学们，当好一名陪伴者。

我们今天分享了大家的故事，这里面会有你的影子，我们都有一个共同的名字——北航人。希望所有的北航人携手努力，共克时艰，守望相助。我一直相信，我们怎么样，中国便会怎么样！"

——宣讲团　赵圆老师

暖心　北航温情

■ 原创脱口秀《航迹》

脱口秀笑中带泪，8个月的寒假，云毕设，云答辩，寄学士服、30个小时的毕业漫直播，无不体现北航的暖暖温情。

相遇　北航少年

■ 原创舞台剧《新北航人》剧组

逾越寒冬，走过春夏，金秋北航，欢迎新北航人，他们来自五湖四海，但当他们带上校徽的那一刻，便拥有了同一个名字"北航人"。

"小倪：或许在今年九月之前，我们还行进在各自的人生道路上，拥抱着自己的似锦繁花、如茵芳草。各自盛开，独自精彩。

小冯：但从踏入北航的这一天开始，我们便拥有了同一个名字，染上了同一抹蓝色，也从此，因为同一种深深的羁绊，而牵挂、联络、凝聚，因为同一种浓浓的信念，而奋斗、拼搏、追逐。

小张：德才兼备，我们脚踏实地，开拓我们这一代人的康庄大道。知行合一，我们仰望星空，守护我们这一代人的璀璨穹宇。

三人齐：我们，就是新北航人！"

——《新北航人》剧组

奋斗　北航征程

68个春秋轮转，北航始终迈着坚定沉稳的步伐、怀揣空天报国初心与祖国同航。北航的前辈们，望向长空之时，脑海中满是探索的艰辛和坚定的信念。

■ 原创朗诵《长空》

"我看见东方的雄狮已经彻底觉醒，我看见大国自信背后的科技力量，二十岁的我踏上科创的征途，立志也要成为共和国的脊梁。

凡属过往，皆为序章。

我们愿毕生上下求索，终有一日踏青云长啸，声震四方。同伴们，让我们携手并肩，在追寻长空的路上再创辉煌，前辈的声音一直在我耳边回响，我们会用行动回应他们的期望，你们准备好了吗？我们准备好了！我们，准备好了！"

——《长空》

 启航　北航青年

昂首阔步，吹响青春号角，少年自有少年狂，心似骄阳万丈光。

歌唱祖国，礼赞英雄，从来都是文艺创作的永恒主题，也是最动人的篇章。

少年强则中国强，无论过去、现在还是未来，中国青年始终是实

■ 声配舞《少年中国说》+《我心中的红》

现中华民族伟大复兴的先锋力量!

　　"声音和舞蹈的结合,是一次大胆的尝试,舞蹈的视觉张力和朗诵的声音冲击力结合在一起,成为一个整体!主持团和舞蹈团一道,将一股少年英气淋漓尽致地展现了出来!"

——文艺部部长　胡旭阳

■ "少年强,则国强"北航年终诵读专场活动合影

音乐与歌声献礼诞辰，永远跟党走

◆ 推送日期：2021 年 4 月 7 日

"永远跟党走"主题快闪活动

北航团委艺术团的同学们，以"永远跟党走"为主题，带来了讲述我国不同历史时期故事且具有民族特色的红色经典音乐作品。

"这是最后的斗争，团结起来到明天"，三人乐队带来的《国际歌》为此次快闪活动开场。当主唱饱满激情声音响起，《国际歌》所表达的希望和不屈的革命气节也回荡在知行广场上。

■ 4月14日，师生们再次汇聚北航校园，用音乐和歌声献礼建党百年

■《国际歌》

■《赛马》

二胡重奏《赛马》，再现了中国民乐的经典，传达出我们的奋斗进程如赛马中的马蹄声，紧凑而气势磅礴！

"五星红旗，你是我的骄傲，五星红旗，我为你自豪"，一曲经典的《红旗飘飘》，激发了在场全体师生的爱国热忱。老师和同学也随着旋律情不自禁地挥舞起手中的小旗。

第二章·文化育人

■《红旗飘飘》

■《想和你一样青春无畏》

"为祖国而战英明永垂,硝烟散尽才知道最可爱的人他是谁",以《中国人民志愿军战歌》旋律为引子,一首温情且磅礴的《想和你一样青春无畏》,是对无数志愿军烈士的赞美!

■《我爱祖国的蓝天》

■《天地之间》

"要问飞行员爱什么,我爱祖国的蓝天"四人小合唱《我爱祖国的蓝天》,是北航人志在空天的理想与担当。

中阮二重奏《天地之间》,一首融合了西方音乐元素的乐曲,展现了改革开放、开拓创新的思想指引成果。

"为什么战旗美如画,英雄的鲜血染红了它,为什么大地春常在,英雄的生命开鲜花",一首歌颂千千万万革命英雄的歌曲《英雄赞歌》,表达了对无数英雄的礼赞,更让在场的同学们感受到了当今幸福生活的来之不易。

"就算身在他乡,也改变不了我的中国心",一首爱国歌曲《我的中国心》,再一次回扣主题:永远跟党走。

■《英雄赞歌》　　　　　　　　　　■《我的中国心》

这是北航人"爱航空、爱航天、爱祖国、爱北航"的四爱精神！

长着中国脸，心是中国心；饱含中国情，充满中国味！

所有的北航人在短短的几十分钟里一起歌唱，以歌声礼赞党的百年诞辰。

节目短暂，但是心中的赞歌却唱不尽。让我们一起期待下一场快闪吧！

震撼！4个全国一等奖！北航人，美

◆ 推送日期：2021年5月17日

暮春渐远初夏来　最美人间五月天
这个五月
五项大奖花落北航！
在刚刚落幕的
全国第六届大学生艺术展演活动中
北航学子再创佳绩！

北航学生合唱团的合唱
《The Water Dance of Lluvia》
《五月蝉歌》
北航学生交响乐团的歌剧作品
《伊戈尔王》中《波罗维茨舞曲》的乐章
北航学生舞蹈团的原创舞蹈节目
《我心中的红》
守锷书院美育工作案例
《基于"课堂+课外+社区"模式的
书院浸润式美育机制构建》
分获声乐组、器乐组、舞蹈组
高校美育改革创新优秀案例
全国一等奖
舞团《我心中的红》还获评
优秀创作奖
全国第六届大学生艺术展演是教育系统为中国共产党建党100周年献礼的一项重要活动，以"奋斗·创新·奉献"为主题。来自全国198所

■ 北航学子在全国第六届大学生艺术展演现场

■ 获奖证书

高校的264支代表队的6800余名师生齐聚成都，以丰富多彩的艺术作品展现大学生一心向党、积极进取的精神风貌。

下面，就请跟着小萱的脚步，一起欣赏北航学生高水平艺术团的精彩表现吧！

声乐组全国一等奖

《The Water Dance of Lluvia（雨之水舞）》
《五月蝉歌》

《The Water Dance of Lluvia》《五月蝉歌》，前者气势磅礴，优美动人，在雨点的律动里，讲述追求光明的故事，声部之间的交流对话，让乐曲宛如叙事新时代史诗般鲜活。来自贵州的民歌《五月蝉歌》，模仿大自

■ 学生合唱团演出现场之一

第二章·文化育人

然中蝉鸣的声音，抒发了当地人民对新生活的热爱。

■ 学生合唱团演出现场之二

器乐组全国一等奖

《伊戈尔王》选段
《波罗维茨舞曲》

　　北航学生交响乐团选定的曲目是俄国作曲家鲍罗丁的歌剧作品《伊戈尔王》选段《波罗维茨舞曲》。讲述12世纪俄罗斯建国时代，诺夫哥罗德大公伊戈尔，同南方游牧民族波罗维茨人战争的故事。选曲时正值疫情期间，战争的主题也寓意着，交响乐团对中国早日战胜新冠肺炎疫情的美好盼望。

■ 交响乐团演出现场

舞蹈组全国一等奖、优秀创作奖

《我心中的红》

  《我心中的红》以"红旗"为载体，致敬了中国共产党成立100周年来，无私奉献、不畏艰难的革命者。表现了北航学子，空天报国、科技强国的不懈追求，从"红船"到"大山"，从先辈们的奋力前行、开拓新路，到后辈们继往开来、砥砺前行。

  一代又一代中国共产党人，在时代中奋力写下光辉的一笔，在红旗的引领下，革命者们奋勇前行，他们的精神凝聚在这红旗之中，在我们每个人的手中代代相传！

■ 舞蹈团演出现场

高校美育改革创新优秀案例

全国一等奖

守锷书院美育工作案例

  北航守锷书院挖掘书院特色，整合校内外资源，系统化构建了"课堂+课外+社区"的浸润式美育机制。

  四年来，书院建设了美育课程教学平台，精心打造内容丰富、中西合璧的美育课程体

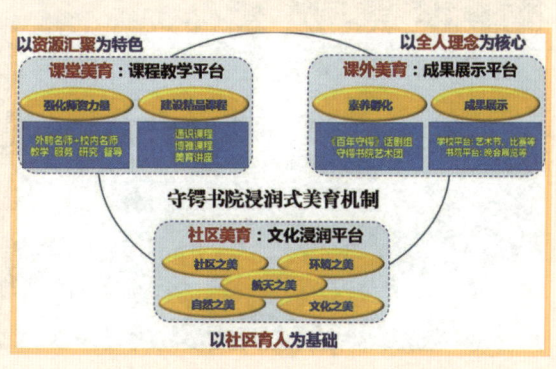

■ "课堂＋课外＋社区"的浸润式美育机制

第二章·文化育人

■ 守锷书院美育通识课程"语言与表演艺术"师生合影

■ 《百年守锷》话剧 2021 年复演合影

系,建设了美育成果展示平台。排演《百年守锷》话剧,创建书院美育社团,搭建了美育文化浸润平台,推广社区体验式美育。

守锷书院美育模式,实现了高校书院美育系统化,根植了空天报国情怀,服务了社会发展,促进了学生德智体美劳全面发展,探索出了一条航空航天特色的书院美育之路,是现代大学书院制美育的典型案例。

美育改革　北航人在行动

5月6日,北航作为唯一高校代表受邀在全国学校体育美育工作推

■ 全国学校体育美育工作推进会

进会上发言。校党委副书记程波在会上做了题为"传承红色基因 厚植空天情怀 高质量谱写美育改革实践北航篇章"的发言，对北航进入新时代以来的美育改革实践经验进行了汇报交流。

进入新时代以来，北京航空航天大学以习近平总书记关于美育方面的重要讲话精神为根本遵循，贯彻落实《关于全面加强和改进新时代学校美育工作的意见》，加强顶层谋划，以系统思维创新工作机制，强化美育作为立德树人重要载体的突出作用。同时统筹科学与艺术两类资源，建设"人文北航"，塑造课程体系、搭建美育平台、营造美育氛围，构建一流美育体系。在美育工作中弘扬"空天报国"精神，传承红色基因，坚守使命担当，践行爱国奉献、敢为人先的价值追求，打造具有北航精神标识的美育品牌。

传承红色基因　开展学习教育实践

5月8日晚，北航学生合唱团，安排了一次红色歌曲的集体学习。指挥杨乐乐老师给大家讲述了，歌曲《妈妈教我一支歌》的创作背景和作品内涵。

歌曲以《没有共产党就没有新中国》为基础，引出了中国人民在中国共产党领导下，从站起来到富起来的精神传承。同学们纷纷表示，新时代的新青年应该勇立时代潮头，接过中华民族伟大复兴的接力棒。

北航学生高水平艺术团，自第一届全国大学生展演以来共斩获11

■ 合唱团学习红色歌曲

项一等奖、1项二等奖。此次第六届全国大学生艺术展演，北航是北京赛区唯一所有三支队伍入围全国比赛的高校。此次大展能够斩获3个现场展演一等奖、1个案例一等奖、1个优秀创作奖，也是北航参加全国大学生艺术展演历史上的最好成绩。

传承红色基因　厚植空天情怀
推进科学与艺术比翼齐飞
推动世界一流大学建设
着力培养德智体美劳全面发展的
社会主义建设者和接班人

重磅首发 | 高燃！北航学子原创歌曲《红船》，祝百年大党生日快乐！

◆ 推送日期：2021 年 6 月 30 日

明天是2021年7月1日，中国共产党的百岁生日。北航学子的原创歌曲《红船》MV，为百岁大党送上生日礼物！

一百年前，一叶红船从嘉兴南湖驶出，成就"开天辟地大事变"。

■ 原创歌曲《红船》MV 之一

■ 原创歌曲《红船》MV 之二

一百年后，伟大航船驶入新时代，见证"红色土地换人间"。

在学习百年党史的过程中，北航青年学子如何感悟初心、勇担使命？如何从百年征程中汲取前行力量？如何将北航精神与之相融？和小萱一起，听！

1921年
南湖边的一声呐喊
一艘小小红船
开辟新的江山
告别眼泪和饥寒
已经刻不容缓
消灭苦难　唯有铁骨忠肝

第二章·文化育人

■ 原创歌曲《红船》MV 之三

凶残贪婪　他们虎视眈眈
为了正义宣战
我们不惧难关
踏遍万水和千山
星辰与我相伴
百年红船精神代代相传
中华民族的气势
无法禁锢的意志
冉冉升起的旭日
和先烈的鲜血染红的旗帜
曾身处波澜的边缘
也历经磨难和艰险
永不忘最初的誓言
勇往直前谱写壮丽诗篇
And now we sing it loud
歌声冲破云霄
Now we feel so proud
感受脉搏心跳
任　狂风呼啸
我　依旧舞蹈
向着光芒奔跑
找寻百年的骄傲
1952年
八连珠合璧辉映传奇
仰望星空胸怀寰宇
我们披荆斩棘
嫦娥玉兔要奔月
神舟天问要问天
万里长征只等闲
北斗指路向明天
向着光芒奔跑
找寻百年的骄傲

奋力向前的北航人
从不曾停滞
一分耕耘一分收获
从不流于形式
震惊世界的数字
日新月异的物质
背后是千千万万平凡的名字
和感人肺腑的故事
走过战火与硝烟
历经百年的考验
星星之火能燎原
水滴也能汇成巨浪滔天
打破外界的标签
成为世界的焦点
不忘最初的誓言
红船精神依旧在我心间
So now we sing it loud
歌声冲破云霄
Now we feel so proud
感受脉搏心跳
任 狂风呼啸
我 依旧舞蹈
向着光芒奔跑
坚守百年骄傲
我 乘一艘红船
旅途不再孤单
我 将眼泪擦干
听见明天呼唤
任 星移斗转
任 海阔天宽
巨轮扬起千帆
驶向光辉的彼岸

第二章·文化育人

■ 原创歌曲《红船》MV 之四

Take the red boat
We're the heroes
Lighting up the world
It's a long road
We're the heroes
Lighting up the world

■ 原创歌曲《红船》MV之五

听完歌曲、看完MV，你是否和小萱一样，感到心潮澎湃，为百年的沧桑巨变而骄傲？

为北航人空天报国而自豪，图中正在演奏的男孩，就是《红船》这首歌的词曲作者，北航自动化科学与电气工程学院，2017级本科生段晓玥。

■《红船》词曲作者段晓玥

> 为了写出更加具有共鸣性的歌词，我将百年党史重新温习了一遍，并将党在百年历程中经历的重大事件，以及我在人生二十多年的时光里历经的国家大事、民族感动都梳理出来，尝试找到其中的联系。
>
> ——段晓玥

歌曲《红船》以时间为主线，从青年视角歌颂百年党史，融入北航学子初心使命，唱响光明美好的明天。

第一部分

以红船上的"中共一大"为切入点，讲述1921年共产党开天辟地，带领人民走出困境、跨过重重难关的历史。歌颂中国共产党和中国人民的顽强意志。

第二部分

将北航校史与党史结合，以航空航天领域的发展为线索，讲

■《红船》MV 之六

述新中国飞速发展中的北航力量。

■ 《红船》MV 之七

第三部分

歌手们用悠扬的合唱,回味激昂壮阔的历史,带着百年红船精神,以自豪昂扬的青年姿态走向新的未来。

和段晓玥一起完成《红船》演唱的,还有北航校歌赛的十佳歌手们。

■ 北航校歌赛的十佳歌手们演唱《红船》

参与制作的歌手们,在过程中收获了独特的经历和感受。

> 每次聆听时，随着音乐前奏"滴答，滴答"的钟表声响起，我的思绪仿佛也跟着那倒流的时光，回到了百年前南湖边的那艘小船上。走过战火与硝烟，历经磨难和艰险，中国共产党在崎岖坎坷中砥砺前行，如今已肩负着百年的骄傲，即将昂首踏上新的征程。
>
> ——参演歌手　2018级本科生　宋语

> 中国共产党始于一艘小小红船，历经百年风雨成长为如今的巍巍巨轮；作为年青一代，我们也应肩负着使命与责任，在巨轮的航线中乘风破浪。
>
> ——参演歌手　2020级研究生　刘文钊

■ 2021年5月16日，北航材料学院学生会承办的第二十六届校园歌手大赛决赛在晨兴音乐厅成功举办，《红船》作为主题曲首次在舞台上亮相

红船精神，开天辟地、敢为人先的首创精神，坚定理想、百折不挠的奋斗精神，立党为公、忠诚为民的奉献精神。红船精神，是中国革命精神之源，百年前的红船播下火种，开启中国共产党的跨世纪航程。今日北航青年重回圣地，信念依然坚定，志向未曾动摇。

一代代北航人，听党话、跟党走，心有璀璨星河，空天报国、敢为人先、星辰大海、永不止步，祝福伟大的中国共产党，百岁生日快乐！

飞吧！精彩社团，助力成长

◆ 推送日期：2021年10月22日

 百团招新

学生社团是学生第二课堂的重要平台。近年来，北航各类学生社团蓬勃发展，社团活动丰富多彩，在丰富校园文化生活、培养学生综合素质等方面发挥了重要作用，其数量和质量在北京高校中名列前茅。

■ "飞吧！"2021—2022学年秋季学期百团招新活动

金秋十月，丹桂飘香，在刚刚过去的周末里，为规范并提供便捷的招新渠道，更好地展现社团风貌风采，北航社团中心在校团委指导下组织近百个学生社团与学生组织，在两校区先后举办了主题为"飞吧！"2021—2022学年秋季学期百团招新活动，使社团以及参与百团的其他学生组织可以通过摊位展示、舞台表演等方式发挥特点、发扬特色，从而吸纳充满活力的新人成员。

寒风凛冽，却抵挡不住同学们的热情。逛摊位、玩游戏、看节目，同学们在丰富多彩的活动中了解了社团，收获了知识，开阔了眼界。下面让我们再来回顾一下热闹非凡的活动现场吧！

百团招新 2021 科技类

自动控制协会

■ 自动控制协会招新现场

北京航空航天大学自动控制协会，简称北航自控，成立于1994年，目前是五星级科技类社团。自控协会为北航所有科创爱好者们提供了一个良好的交流平台。协会会员在自控协会的帮助下，曾在"冯如杯""挑战杯"、电子设计大赛等赛事中大放异彩，曾获首都"挑战杯"特等奖、全国电子设计大赛一等奖等诸多荣誉。

精品活动

除了日常准备的培训活动，协会每年还会举办"驭远杯"机器人大赛，现已成为北航重要的科技竞赛。

机器人协会

北航机器人协会隶属北航机器人队，在两校区均设有活动基地，内置完备的工具、控制、传感器等器材，配有一流的实践环境，可进行3D打印、激光切割等加工，满足日常科研和学生实践所需。

精品活动

机器人协会主要负责举办"冯如杯"创意大赛分赛道"启先杯"机器人挑战赛，并以"启先杯"机器人比赛为依托，对参赛同学进行培训，初

■ 机器人协会招新现场

步普及机构设计与单片机开发和入门机器人制作的相关知识。

百团招新　2021　体育类

凌峰社

北航凌峰社成立于2001年6月22日，于2004年组建北航登山队，2006年组建科考队。社团活动丰富，凝聚力强，迄今为止，多次被评为五星级社团，也获得了多项荣誉（如国家级大创三等奖、"冯如杯"学术科技竞赛三等奖、2020年暑期社会实践三等奖等）。

■ 凌峰社活动照片集

精品活动

科考队和冬季雪山模拟训练营是两大精品活动。前者主要在暑期展开科学考察等活动，冬训则侧重于传授社员冰雪环境下必要的冰雪技术和器械知识。

行者自行车协会

热爱骑行的同学一定不能错过的社团——北航行者自行车协会。历经十年，行者车协不断进步，成为五星级社团，有成熟的管理体系、丰富多彩的社团活动。十年之后，步履不停；行者，将发现更多可能。

精品活动

车协于2021年5月举办了"欲行百里载歌颂，周游踏风敬党徽"百公里骑行活动，旨在倡导师生增强体魄、磨炼意志，向党的100周年生日致敬。

■ 行者自行车协会招新现场

百团招新 2021 实践类

辩论社

北航辩论社是北航校内唯一华语辩论类社团,致力于为广大爱好辩论的北航学生提供交流学习的平台。

■ 辩论社招新现场

从2007年社团创办至今,北航辩论社在辩论培训、比赛组办等活动组织方面积累了丰富的经验,也逐渐成为校辩论队辩手的主要发源地,同时也吸引了一批有志大学生加入社团下设的三个部门:赛务部、办公室与宣传部。

精品活动

"星空杯"辩论赛:"星空杯"辩论赛是针对新生辩手开展的辩论赛,是我社举办的传统赛事,已经成功举办多届,以自由组队报名的方式进行,每队会有学长学姐提供帮助,是北航辩手们美好的大学辩论生活的起点。

彩虹明天公益社

彩虹明天公益社成立于2008年,其前身为2008年汶川地震后宇航学院成立的彩虹明天公益服务队;曾于三年内五次入川,支援灾区建设。历经十余年的发展,彩虹明天现累计成员过千,服务受益人数过万,爱心足迹遍布全国各地。

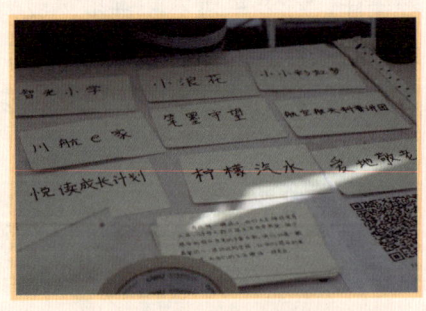
■ 彩虹明天公益社招新现场

精品活动

航空航天科普讲团，是一支由北航本研学子组成的航空航天知识宣讲团队，旨在以航空航天的迷人魅力激发小朋友们的科学兴趣、助力孩子们的全面发展，在他们的心中埋下一颗有关航空航天梦想的种子。

百团招新　2021　艺术类

天笑相声社

天笑相声社成立于2007年7月，为喜欢相声的同学提供欣赏相声、学习相声、表演相声的平台。天笑相声社拥有十余年的艺术底蕴积累，致力于增强我校艺术普及度、活跃校园人文气息、丰富北航师生的课余生活。

▪ 天笑相声社招新现场

精品活动

2021年4月25日，天笑相声社在学院路校区人文讲堂举行了"继往开来"专场。演出包含七段相声，由老社员、新社员、指导老师进行表演，效果极佳，为台下观众带来了一场欢乐盛宴。

阿卡贝拉清唱社

阿卡贝拉指无伴奏人声合唱，它起源于中世纪的教堂音乐，人们不同声部的合唱为纯人声带来更强的层次感和感染力。如今，阿卡贝拉更是融入b-box等现代的艺术元素，使其拥有更强的生命力和艺术性。

▪ 阿卡贝拉清唱社招新现场

精品活动

每一学年，我们都会举办一场属于阿卡人的聚会，也就是我们的阿卡贝拉专场演出。在专场上，你可以在台上唱出内心的声音，与伙伴配合演奏出属于你们的回忆；也可以在台下聆听美妙的和声，感受歌者带来的温暖与感动。无论是歌者还是听众，都能感受到阿卡给我们带来的愉悦与满足。

百团招新 2021 人文类

马克思主义学会

北航马克思主义学会坚持以马克思主义的基本思想和立场为价值取向，以追求真理、实践真理为人生信念，本着实事求是的精神，穷本究源，力求最深刻地把握社会运动的规律和趋势，力图达到时代认识的制高点，为最大多数人的持久幸福做出自己的贡献。

■ 北航马克思主义学会招新现场

精品活动

理论学习会是学会的核心活动，包括了马克思主义理论的学习，时事热点的分析讨论，以及我党各会议与重大事项的思想理论学习。

学会还会邀请北航马克思主义学院的老师进行博雅讲座，为同学们提供与大师面对面的机会，给同学们提供开拓视野的平台。

翰墨书画社

翰墨，义为"笔墨"，原指文辞。曹丕在《典论·论文》中写道："古之作者，寄身于翰墨，见意于篇籍。"因此，"翰墨"在后世亦泛指文章，书法和国画。

翰墨书画社以"翰墨"为社

■ 翰墨书画社作品展

名，旨在秉承中华传统文化，继承与学习中国传统书画艺术，为广大的北航学子提供一个书画的交流与学习的平台。

精品活动

书画艺术是我国传统文化的精华，新年贴福字春联也是传统习俗中的重中之重。每年我们都会为北航师生提供社员手写的福字春联，希望为同学们的大学生活增添一丝色彩与乐趣，为同学们送上寒冬的一份温暖。

 百团招新　2021　其他校级组织

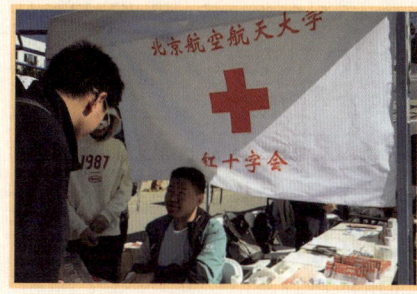

■ 红十字会

■ 校主持团

■ 校学生民乐团

■ 校学生合唱团

■ AERO 方程式赛车队

■ 校讲解团队

截至2021年10月，全北航注册社团已达到99个，分为科技、人文、实践、体育、艺术五个大类，开展了一系列寓教于乐、异彩纷呈的社团活动。在学生社团中，你将结识志同道合的伙伴，参与丰富多样的活动，收获各种知识和技能，开阔眼界、陶冶情操；在这个过程中社团文化也将因你而越发繁荣，因你而更加精彩。

■ 大学生科技协会

第三章　实践探索

线上实践展风采,北航学子在行动!

◆ 推送日期:2020年9月14日

2020年是不平凡的一年,我们见证了全国人民的同心协力、见证了广大青年的奉献担当,同学们身处时代浪潮,参与实践的热情未曾减退。1414人次参与255支立项实践队,覆盖中国28个省级行政区;5大实践主题,脚踏实地、知行合一,深入社会、努力探索。下面,一起走进北航人的实践历程吧!

今天,我国航发事业方兴未艾,人才的作用日益凸显。从"心"出发,在这个暑假,"心起点"实践队思考航发人才制度,助力祖国航发行业发展。

"心起点":航发人才调研

7月下旬,以线上座谈会的形式,"心起点"实践队34名队员深入调研了中国航发沈阳发动机研究所等6个单位,撰写了《基于高时效性态势分析法的人才引进战略分析》等3篇实践报告,推出了《探究不停步、云端共研讨——北航"心起点"实践队

■ "心起点"实践队部分活动、会议照片

暑期社会实践活动顺利举行》等26篇推送,累计阅读量破万,部分文章登上"大学生社会实践网"等16家知名社交媒体平台,调研成果对航发人才管理具有积极作用。

探索祖国科研领域人才制度,"心起点"实践队一直在路上,采

访优秀校友，搭建沟通桥梁，筑梦领航在行动。

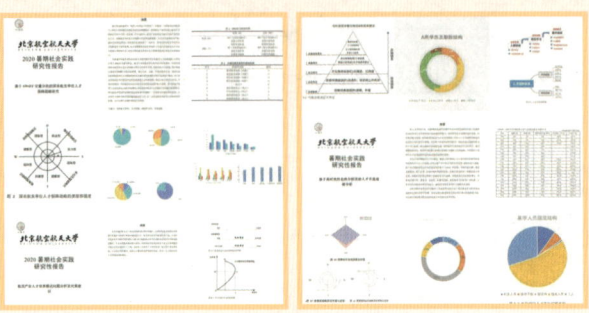

■ 3篇研究性报告（累计6万余字）

 "筑梦领航"：访优秀校友

■ 采访北航优秀校友

"筑梦领航"实践队依托线上平台对王亚男、史国宏、陈风雨等北航优秀校友进行采访，访谈时间总计超过8小时，整理访谈记录文字五万有余，推送平均阅读量250人次，累计阅读量1400人次，部分文章登上"冯如远航"公众号，为大学生群体的学业发展与生涯规划提供了帮助，同时增强了社会各界对航空航天事业的关注。

学习前辈奋斗历程，"筑梦领航"将继续进击，决战脱贫攻坚，服务家乡发展，在祖国的基层，同样有北航人"耕耘"的身影。

> 在优秀学长们一丝不苟的科研精神和谆谆教诲的领航下，我逐渐找到了筑梦的方向。
>
> ——倪书之

> 有幸与5位优秀前辈线上交流，我在他们身上找到了自己努力的方向，受益匪浅。
>
> ——刘雅曦

倾听基层的声音

"一心移疫，护国同航"实践队于8月19日至22日以线上群组、问卷等形式，调研了基层组织干部、党员骨干以及医生、警察等一线"逆行者"，深入了解了湖北民族大学、湘东区妇幼保健院和恩施市鹤峰县庙湾村的疫情防控措施。实践结束后，累积获得有效问卷327份，线上访谈18人次，访谈时长227分钟，访谈问答文稿六千余字。

■ 疫情防控有关调研

"靠改革·可小康"实践队聚焦我国农村发展现状，助力城乡经济发展。通过线上调研、远程帮扶的形式，深入探索辽宁省沈阳市方家屯镇王家窝堡村的实际情

■ 远程帮扶农村发展

况,最终形成调研报告3份累计3万字,教育情况问卷1份,卫生调查问卷2份,卫生宣传手册1册,电商直播台本2份,协助编写王家窝堡村抗疫志1册。

将所学的知识回馈社会,一直是北航人的追求和梦想。作为大学生,支教是薪火相传的重要途径,"育暖航行""醉美苗乡"在路上,将空天梦传承、发扬。

线上支教　点亮教育

■ 线上讲授趣味课短视频之一

7月25日至8月15日,"育暖航行"实践队以录制趣味课短视频的形式为中阳县全体小学生讲授"小学生必备文学常识"等12门课程,回收有效调查问卷115份,已获得中阳尚家峪学校、中阳枝柯小学、宁兴学校、暖泉小学等11所小学的学生的持续关注学习。

■ 线上讲授趣味课短视频之二

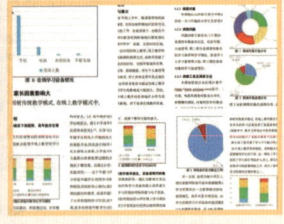

■ 线上讲授趣味课短视频之三

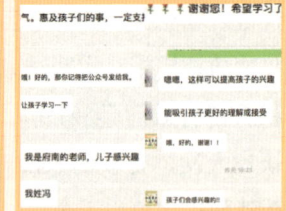

■ 持续关注学习动态截图

"醉美苗乡"实践队以线上调研的形式,与花垣县政府机构和州县级中小学的一线教育工作者展开访谈,撰写教育扶贫主题报告与实

> 在此次实践中，我们不仅体会到了扶贫工作给当地教育带来的蓬勃发展，也开始探索如何将"小我融入大我"，探索"调研+实践"模式，搭好"从苗乡到北京"的桥梁，带去希望的星星之火，点燃孩子们的理想火炬，让理想之火照亮苗乡的山山水水。
>
> ——吴典

践报告各1篇，制作实践队记与教育扶贫政策相关推送共18篇，联合北航航模队与当地民乐中学达成2周1次的线上支教对接，为改善农村素质教育现状贡献了一份青年力量。

"冯如之炬——追光远航"实践队为冯如纪念中学同学开设环境保护主题讲座、线上参观北京航空航天博物馆兴趣活动课等课程，授课时长共计10课时，合算400余分钟，累计发布6篇推送，并得到广东省航空学会官方公众号的转发，同时部分课件计划用于广州市300万中小学生的科普活动周。

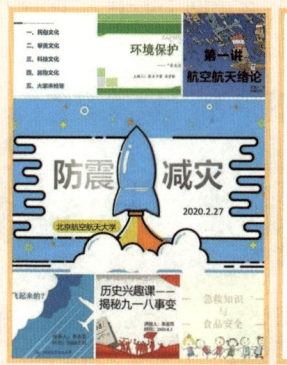

■ 线上进行兴趣活动课程授课

孩子们的心里话……

一开始可能对各位学长学姐有些陌生，但渐渐了解了对方。虽然我们上课时很吵闹，但学长学姐都尽心尽力为我们讲解。

前行不忘来时路，学习红色历史文化，传承华夏奋斗精神，是北航人不变的坚守。

"初心红四方":学习红色文化

"初心红四方"实践队通过线上平台学习贵州、江西、甘肃、黑龙江、河北五地红色文化,推出9篇推送,整理评论性文章2525字、报道性文章8027字,向社会讲述了队员家乡"吃水不忘挖井人"等生动而独特的红色故事,让更多人认识了具有地方特色的红色文化财富。

走出校门,走进社会,北航人在筑梦路上,倾听来自各界的声音,反思自我、思考未来、助力时代,北航人,任重道远!

■ "初心红四方"实践队部分活动合集

冬奥来了！这位世界冠军在北航开讲！

◆ 推送日期：2020 年 11 月 27 日

北京冬奥会将在434天后如约而至，相信"双奥之城"北京，必将为世界呈现一届精彩、非凡、卓越的奥运盛会。

■ 2022 北京冬奥会会徽

传承冬奥文化，弘扬冬奥精神。北京航空航天大学，作为延庆场馆群运行团队牵头高校，将承担高山滑雪项目志愿服务工作。燃动青春，助力冬奥，为北京2022贡献北航力量！

走近冬奥，心动！行动！日前，一场宣讲会在北航上演，曾赴吉隆坡进行北京冬奥申奥陈述的运动员代表、世界冠军李妮娜等6位宣讲人，带来了他们的精彩故事。

"燃动青春　助力冬奥"北京冬奥宣讲团走进百所高校系列宣讲活动

北京航空航天大学专场宣讲会

日前，"燃动青春　助力冬奥"北京冬奥宣讲团走进百所高校系列宣讲活动——北京航空航天大学专场宣讲会在我校新主楼第一报告厅举行。北京冬奥宣讲团成员向北航学子讲述了他们与冬奥的故事。校党委副书记程波，北京冬奥组委

■ 北京航空航天大学专场宣讲会

新闻宣传部综合处处长林灵思，宣传部、学生工作部、体育部、校团委负责人出席本次活动。宣讲采用线下观看与线上直播相结合的方式，共有近1000名师生观看了本次宣讲活动。

■ "燃动青春　助力冬奥"北京航空航天大学专场宣讲会

■ 领导嘉宾共同展示卷轴并签名留念

首先，北京冬奥组委工作人员许丹丹对2022年冬奥会和冬残奥会筹备工作整体情况做了介绍。随后，平昌冬奥会闭幕式"北京八分钟"轮滑演员郭露阳、冬奥组委办公区讲解员姜金玉、自由式滑雪空中技巧世界冠军李妮娜、获全国青少年冰球锦标赛U12组第一名的小学生黄诗瑞、推动全民健身活动的奥林匹克社区人郝涛、访遍奥运会主办城市的奥林匹克文化推广者侯琨等6位宣讲员进行宣讲。

传承冬奥文化，弘扬冬奥精神，他们这样说。

筹备这一次冬奥，前期的准备是艰辛的

■ 北京体育大学在读硕士研究生"北京八分钟"文艺演出演员郭露阳会上讲话

"昌平　平昌"
北京体育大学在读硕士研究生
"北京八分钟"文艺演出演员
郭露阳

2018年平昌冬奥会闭幕式上历时8分钟的"2022，相约北京"文艺表演惊艳了世界，被称作"北京八分钟"。回想起当时的经历，自豪之余，郭露阳最先想起的是那些艰苦的训练——昌平的冬天很冷，寒风刺骨，头发上、轮滑鞋里出的汗都结成了冰。艰苦的条件和高强度的训练消磨着郭露阳一行人的士气和训练热情，但教练的一句话让大家又燃起斗志。"教练说，作为一个冰雪人，来一次冬奥是一辈子的梦想"，郭露阳回忆道，"听到这句话，责任感和使命感成了我们坚持的动力"。在昌平，他们留下了辛勤的汗水；在平昌，他们流下了激动的泪水。他们用艰苦的训练和美妙的演出告诉世界：2022，北京等你来！

"从开天车到讲冬奥"
北京首钢园区综合服务有限公司
冬奥物业事业部讲解员
姜金玉

■ 北京首钢园区综合服务有限公司冬奥物业事业部讲解员姜金玉会上讲话

在舞台之外，无数的基层工作人员也为自己的冬奥梦想付出努力。姜金玉原本只是首钢的一名天车工，但在首钢园区改造为北京冬奥会和冬残奥会展示中心、办公区后，她接到了领导"你去做冬奥组委讲解员吧"的指示。"我还以为我听错了，我学历低，怎么行呢？但服务冬奥，谁又会不愿意呢？"接到任务之后，姜金玉便利用一切机会背讲解词：洗衣做饭时、上下班的路上……她还学习英语，为外国友人的到来做好准备，"我特地学习了很多我们首钢这些设施的专有英文单词"。这使她的讲解充满了首钢特色，国际残奥委会主席安德鲁·帕森斯在听了她的讲解后，连连称赞"very good"。

就在宣讲会开始的几个小时之前，姜金玉在党旗下庄严宣誓，光荣入党。得知此事，同学们纷纷起立鼓掌。"把冬奥故事讲给更多人听、讲给世界听"，成为冬奥会展中心闪亮的名片。

这一次冬奥，有关坚守，有关新生

■ 自由式滑雪空中技巧世界冠军冬奥组委运动员委员会委员李妮娜会上讲话

"两块'金牌'的故事"
自由式滑雪空中技巧世界冠军
冬奥组委运动员委员会委员
李妮娜

曾参加四届冬奥会并斩获两枚银牌、蝉联三届世锦赛冠军……作为自由式滑雪空中技巧项目中获得奖项最多的运动员，李妮娜的运动生涯从来不是一帆风顺。她说她一直都是教练手下的"笨小孩"，一次次翻腾落地、一次次倒地才练就了她稳定的技术特点。在她第四次参加冬奥之前，李妮娜曾有一次短暂的退役，但出于对奥运、对赛道、对冰雪的向往，受到国家队召唤的她再一次踏上了滑雪板、举起了滑雪杖。"我要回去，因为我还爱它"，即使遭遇了右膝前交叉韧带断裂的重伤，李妮娜还是瞒着家人，顶住了艰辛的康复训练，走进了索契冬奥会的赛场。第四次冬奥会，李妮娜虽然没有取得第一名，但对运动的热爱和坚持不懈的精神早已是她人生的金牌。

索契冬奥会后，她再一次退役。之后没有复出，但她依然留在了离冬奥最近的地方，为北京冬奥组委运动员委员会贡献力量。在2015年7月31日的吉隆坡，李妮娜作为运动员代表进行申奥陈述："我把青春奉献给冬奥、奉献给我的国家。"

■ 北京市二十中学附属实验学校
2019年全国青少年冰球锦标赛
U12组第一名黄诗瑞会上讲话

"小冰球　大梦想"
北京市二十中学附属实验学校
2019年全国青少年冰球锦标赛
U12组第一名
黄诗瑞

在北京市二十中附属学校，有一位中国冰球队的未来之星冉冉升起。学习冰球五年的他谈及初学滑冰的场景还十分兴奋，"只要找准目标、努力训练，就一定能成功"，黄诗瑞底气十足地告诉听讲的同学们。他带领校队从最后一名打到第三名，稍显稚嫩的声音，透露出对于运动的热爱和一往无前的决心。

赛场之外，诉说奥林匹克精神的珍贵

■ 东城区东四街道文教助理
北京市东城区回民小学教师郝涛会上讲话

"东四奥林匹克社区人"
东城区东四街道文教助理
北京市东城区回民小学教师
郝涛

> 东起东二环路，西至东四北大街，北达平安大街，南到朝阳门内大街，国际奥委会前主席萨马兰奇逛过的东四奥林匹克社区，是北京市东城区在探索以奥林匹克运动促进社会发展、将奥林匹克运动与社区建设相结合过程中所产生出的一种城市社区建设的新模式。郝涛女士作为东四街道文教助理，向我们展示了一群热爱体育运动的人的生活方式。"在这儿生活、工作，你要是不参加一项体育活动，那会是一件尴尬的事情。"乒乓球、马拉松，社区里的人们在一个个体育运动中乐此不疲。北京冬奥在即，在组织观看2017北京冰壶世锦赛时，社区的一位阿姨告诉郝涛，为了看冰壶比赛，她已经提前学习了许多冰壶知识："我还想亲自打冰壶呢。"这些生活中的小片段，无一不展现了中国人的"冬奥梦"。

■ 奥林匹克文化推广人
侯琨会上讲话

"我的奥林匹克环球行"
奥林匹克文化推广人
侯琨

奥运收藏家、奥林匹克文化推广人、国际奥委会文化和奥林匹克遗产委员会委员，是侯琨的多个身份。2012年，他开启了"侯琨奥林匹克环球行"；2015年，他又再一次踏上了以冬奥为主题的环球行动，要走遍所有的主办城市。侯琨是为了传播奥林匹克精神而行动的，他见过1984年冬奥举办地萨拉热窝的断壁残垣，深感战争带来的毁灭。"即便这个城市许多地方都是破败的，但挂着奥运五环徽章的酒店却在近几年得到了翻新。"侯琨说奥运会不仅是一次体育盛宴，更是人们心中的图腾和丰碑。侯琨还提到2008年北京奥运会最年长的火炬手、柏林奥运会铁饼运动员郭老的故事："郭老那一届最终只有一个人进入复赛，但他们每个人都铆足了劲要为国争光。"国家强大、民族自信才是举办奥运的资本，走遍主办城市的他深知此事。他也鼓励北航的同学们秉承"德才兼备，知行合一"的校训，为冬奥、为祖国做出自己的贡献。

同学们深受鼓舞，现场气氛热烈、掌声迭起。宣讲结束后，同学们纷纷在卷轴上签名留言，表达对北京冬奥会的期待与祝愿。

北京冬奥宣讲团

据悉，北京冬奥宣讲团成立于2017年，通过介绍北京冬奥会筹办进

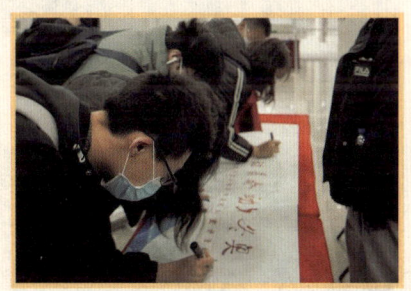

■ 宣讲结束后，同学们在卷轴上签名留言

展、讲述冬奥故事，从多个角度、全方位、立体式地宣传奥林匹克精神、普及冬奥知识、传播冬奥文化。北京冬奥宣讲团走进百所高校系列宣讲活动由北京冬奥组委联合北京市、河北省相关部门共同组织，有助于促进高校青年学生关注冬奥、支持冬奥，广泛参与冬奥志愿服务活动。

北航与奥运很早就结下了"不解之缘"。2008年，第29届夏季奥运会在北京举行。北航是举重赛事属地单位和首都机场志愿者服务主责单位，5000余名北航志愿者用微笑和服务，在各个岗位，为奥运做出青春贡献！

在北航校园、场馆、"蓝立方"，在首都机场、地铁口……北航志愿者打造"国门第一微笑"。时隔12年，续写奥运故事，将志愿奉献和奥林匹克精神融合，北航人始终如一，义不容辞！

■ 2008年，第29届冬季全运会北航作为举重赛事属地单位

■ 我校志愿者在北航体育馆承担举重赛事岗位工作

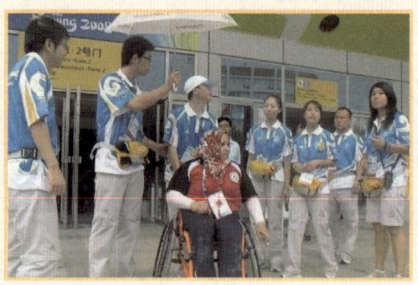

■ 我校志愿者在首都机场参与服务保障工作

北航志愿者：奉献中与国同航

服务保障首都各项重大活动，成为我校志愿服务的传统和优势，近年来，高质量完成多项志愿服务任务，北航人的身影始终亮眼！

2018年8月29日至9月5日，北航志愿者在中非合作论坛北京峰会活动中，承担6个岗位工作，累计上岗52人次，服务时长2686小时。

■ 北航志愿者在中非合作论坛北京峰会活动中

2017年5月和2019年4月，共有134名北航志愿者服务于第一届、第二届"一带一路"国际合作高峰论坛，负责证件注册、会务接待、后勤保障等多项工作。

■ 北航志愿者服务于第一届、第二届"一带一路"国际合作高峰论坛

2019年5月15日至5月22日，共有来自21个学院的48名本硕博学生组成亚洲文明对话大会北航志愿者队伍，负责国家会议中心咨询台、新闻中

■ 亚洲文明对话大会北航志愿者队伍之一

■ 亚洲文明对话大会北航志愿者队伍之二

心和会场指引工作。

2019年7月7日至7月14日,我校197名志愿者顺利完成持续8天的第11批次北京世界园艺博览会志愿服务工作,在世园会新闻中心、国际馆等47个展馆提供志愿服务。

■ 北航志愿者参加北京世界园艺博览会志愿服务工作

2019年10月,我校114名志愿者分别负责中华人民共和国成立70周年庆祝活动观礼台和彩车人员服务,以良好的状态和专业的水平圆满完成此次任务。

■ 北航志愿者负责中华人民共和国成立70周年庆祝活动观礼台和彩车人员服务

2019年11月,为做好赛事保障,来自24个院系共计1280名志愿者分为8个工作组,连续服务7天,顺利保障第十六届"挑战杯"竞赛圆满结束。

■ 北航志愿者参加第十六届"挑战杯"竞赛之一

2020年9月3日至9月9日,来自北航的

■ 北航志愿者参加第十六届"挑战杯"竞赛之二

39名青年志愿者在经历选拔、培训、保障等岗前工作后，在国家会议中心为2020年中国国际服务贸易交易会中外参会人员提供服务，累计工作时长1891小时。

■ 北航志愿者在国家会议中心2020年中国国际服务贸易交易会之一

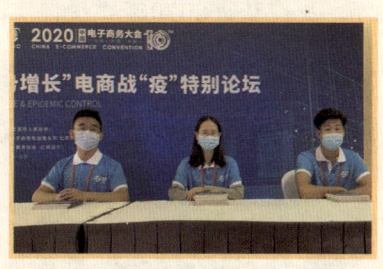

■ 北航志愿者在国家会议中心2020年中国国际服务贸易交易会之二

依托重大活动志愿服务，服务国家、奉献社会。擦亮北航青年的闪亮名片，做好冬奥志愿服务，北航，准备好了！

传承冬奥文化，弘扬冬奥精神！欢迎各位师生积极报名，成为北京冬奥会和冬残奥会赛会志愿者。燃动青春，助力冬奥！

为北京2022贡献北航力量！

■ 2022年北京冬奥会和残奥会会徽和吉祥物

第三章·实践探索

喜报！北航获评这个全国十佳！为他们点赞！

◆ 推送日期：2020年12月18日

日前，第六届"寻找全国大学生百强暑期实践团队"颁奖仪式举行。我校获评2020年"最佳实践大学"，全国十佳，北京唯一！

"寻找全国大学生百强暑期实践团队"颁奖仪式

我校获评2020年"最佳实践大学"荣誉证书

"传承之焰"支教团，获评全国"优秀实践团队"，进入全国实践队30强；"心起点"实践队，获评全国"百强实践团队"。

"传承之焰"支教团获评全国"优秀实践团队"荣誉证书

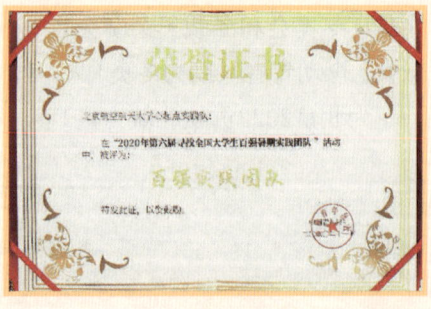

"心起点"实践队获评全国"百强实践团队"荣誉证书

社会实践在北航

在学校党委领导下，校团委引导、激励师生积极参与实践，开创实践育人工作新局面。

■ 社会实践过程内涵

做好新时代学生社会实践工作，推进改革创新，推动实施"四位一体、多方共育"格局。

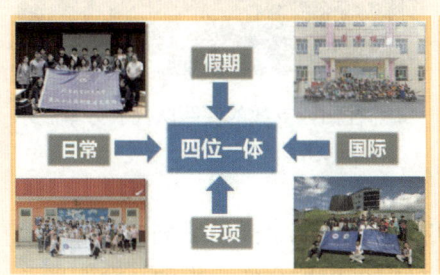

■ "四位一体"社会实践模型　　■ 多元化、全覆盖平台

搭建多元化、全覆盖平台，广泛开展实践论坛、实践沙龙，助力青年学生成长成才。

■ 马克思主义学院王聪聪老师、往届实践队学生代表传授经验

■ 马克思主义学院高宁老师指导参评"全国百强"的实践队

■ 马克思主义学院付丽莎老师,北航挂职干部、山西中阳副县长田原老师,宁夏泾源团县委副书记伍月老师在线上暑期社会实践出征仪式上发言

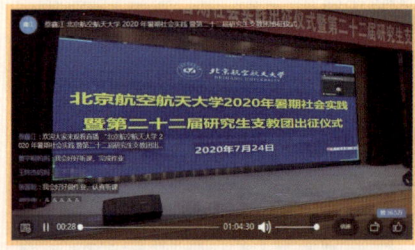 

■ 山西省中阳县北街小学的600多名师生在线观看出征仪式

■ 前往山西支教的实践队代表分享展示实践成果

推行"双导师制",开展理论和实践双重指导,提升实践科学化水平。

设立大学生社会实践基地,积极推进校地合作,推动社会实践长期化、定点化、专项化。

■ 设立大学生社会实践基地时的合照

两支获奖实践队

01 "传承之焰"支教团

　　传递公益理念　点燃传承火焰

　　蓝天星空　不再遥远

"传承之焰"支教团成立于2015年,是一支由材料与科学工程学院指导,以志愿公益为初衷,致力于改善农村教育、为贫困地区学生带来切实利益的实践队。

■ "传承之焰"队标

■ "传承之焰"支教团在山西　■ "传承之焰"支教团在新疆　■ "传承之焰"支教团在山西授课

■ "传承之焰"支教团在山西开设绘画课程　■ "传承之焰"支教团在新疆与孩子们互动　■ "传承之焰"支教团在新疆开设剪纸课程

　　支教团瞄准北航定点扶贫山西省吕梁市中阳县,每年寒暑假在中阳县河底小学开展各式各样、新颖有趣的支教活动,帮助河底小学的孩子们增长了见识,增添了希望,也为北航在中阳的脱贫攻坚工作贡献力量,见证了中阳县从脱贫摘帽到乡村振兴的整个过程;同时,支教团还致力于少数民族脱贫攻坚教育,关注了边疆少数民族的文化繁荣与民族团结,连续在新疆维吾尔自治区伊犁哈萨克自治州察布查尔县扎格斯台

第三章·实践探索

乡中心小学开展双语教学，创新了大学生返乡的实践形式。

六年来，支教团总参与人数近180人，人均志愿时长近200小时，累计志愿时长超过3.1万小时，制作了100余份优质教案及66堂优质网课资源。

02 "心起点"实践队

探究航发人才现状　激励投身航发事业
心为起点　筑梦未来

"心起点"实践队成立于2017年，是一支由能源与动力工程学院指导，具有北航空天血脉的学术调研型实践队伍，以航空发动机产业的军民融合为起点，开启了北航学子调研国防行业的序章。团队致力于从专业学子的角度探究行业问题并提出对策建议，为"中国心"的腾飞贡献一份青年力量。

■ "心起点"队标

从2017年到2020年，"心起点"进行了数十次所内实践，足迹遍布12个航空发动机单位，积累了大量调研数据和多份调研报告。2020年完成了《基于高时效性态势分析法的人才引进战略分析》等5份研究性报告和6份实践报告，约20万字，为航空发动机领域的人才研究提供了参考。

■ "心起点"实践队在31所与青年骨干交流　　■ "心起点"实践队于中国航发黎阳进行调研　　■ "心起点"实践队与中国航发606所青年技术骨干座谈

■ "心起点"实践队员临行前商讨实践方案　　■ "心起点"实践队在北航西部国际创新港　　■ "心起点"实践队在中国航发涡轮院参加座谈会

为了增强中国航空发动机事业在青年学子中的影响力，号召更多有志青年投身国防建设，"心起点"独立制作了Vlog和MV，以新颖的方式让航空发动机走进同学们的视野中，还推出了30余篇关于航空发动机和各科研单位的专题推送，科普航发知识，弘扬航发精神。

2020北航实践队在行动

2020年，北航以"我和我的祖国"及"'战疫'中国力量，决胜全面小康"为主题，引导青年学子深入学习宣传贯彻习近平新时代中国特色社会主义思想和党的十九大精神，助力全面建成小康，讲好"战疫"故事。

全年共有1589支团队、5211人次，前往全国30个省级行政区，参加实践活动。北航学子用双脚丈量祖国大地，深入社会、努力探索，以实际行动书写青春之歌。

探索基础教育航向，助力脱贫攻坚战略。

■ 北航学子深入贫困地区开展支教活动，助力点燃孩子兴趣之火，传递爱与梦想

■ 北航学子探寻前辈身上的中国航空精神，让社会知道奋斗者的故事

重温北航往事，共创明日辉煌。

聚焦智慧城市建设，感知时代发展脉搏。

■ 北航学子走进田野、深入调研

家燕归巢,情系桑梓,传播空天文化。

2021年寒假,在疫情防控常态化的整体要求下,北航学子将继续在时代变化中坚守初心,在社会变革中勇担使命。

■ 北航学子返回家乡开展宣讲活动

筚路蓝缕,建党百年立丰功伟业
聚焦乡村建设,调研法治建设
关注人民健康,共享改革成果
凯歌高奏,北航师生书新篇华章
喜迎冬季奥运,传承体育精神
探访前辈事迹,弘扬北航精神
用双脚丈量祖国大地
知行合一、以知促行、以行求知!

这个冬奥最高的项目，北航人，来了！
倒计时一周年！央视报道！

◆ 推送日期：2021年2月4日

■ 冬奥会央视新闻海报

今天是2月4日，农历腊月二十三，北方小年，也是北京2022年冬奥会倒计时1周年。

今早的央视《朝闻天下》专题报道高校储备志愿者开始各项培训，来自北航的冬奥会骨干志愿者，正在进行滑雪培训，一起来看报道！

■ 央视《朝闻天下》专题报道高校储备志愿者开始各项培训之一

北京2022年冬奥会和冬残奥会志愿者招募，自2019年12月5日启动以来，报名人数超过100万。目前，来自各大高校的储备志愿者骨干，在做好防疫的前提下，已经开始了各项相关工作培训。

在北京延庆的石京龙滑雪场，

■ 央视《朝闻天下》专题报道高校储备志愿者开始各项培训之二

第三章·实践探索

■ 采访北京航空航天大学计算机学院学生孙保成之一

■ 采访北京航空航天大学计算机学院学生孙保成之二

来自北航的冬奥会储备志愿者骨干，正在进行滑雪培训，今后他们将作为延庆赛区高山滑雪项目的志愿者。

来自计算机学院的大三学生孙保成，作为志愿者代表接受央视采访。

除了学习滑雪、提升自身志愿服务能力的技能外，储备志愿者骨干们还将全流程完成正赛服务预演工作，成为为志愿者工作服务的志愿者。

> 一个是要练好滑雪的技能，到时候可能会派上用场；另外一个要练好英语，可以跟国际友人更流利地交流。
> ——北航大学生志愿者　孙保成

■ 采访国家高山滑雪中心志愿者经理李广玉之一

■ 采访国家高山滑雪中心志愿者经理李广玉之二

■ 北航志愿者们合影

作为国家高山滑雪中心志愿者经理，北航守锷书院执行院长李广玉介绍了志愿者们的工作。

北京团市委书记李军会在采访中介绍，团市委动员了在京68所

■ 采访北京团市委书记　李军会　　■ 北京冬奥会延庆赛区志愿服务联盟合影

高校，和北京赛区、延庆赛区的需求进行对接，建立相应的工作机制，下一步将根据测试赛和正式赛的需求进行相应的培训上岗，提供专业服务。

北航志愿者们信心十足，"服务冬奥，我们准备好了！"

> 这些志愿者牺牲了自己的寒假，在前期做了一些探索工作，为赛时的服务打下了良好的基础，比如从驻地到场馆一些时长的计算，包括在山上各个岗位的服务，也是更加有针对性。
>
> ——国家高山滑雪中心志愿者经理　李广玉

 服务冬奥　北航人科技助力

1月18日，习近平总书记在北京考察冬奥会、冬残奥会筹办工作。北航交通科学与工程学院柯鹏副教授，代表科研团队参与了科技助力冬奥备战的汇报工作。

在国家体育总局和冬季运动管理中心的直接指导和帮助下，柯鹏副教授率领北航交通科学与工程学院、航空科学与工程学院、生物与医学工程学院等师生组成的团队，迎难而上，充分借鉴航空工程的基础理论和技术方法，基于"体工医交叉，人机环融合"的思路，立足现实国情，对标国际水平，运用冰雪运动理论解决核心科学问题，面向队伍需求开展科学训练技术研究，科技助力冬奥备战。

服务冬奥 志愿者闪亮名片

北京航空航天大学作为延庆场馆群运行团队牵头高校,将承担高山滑雪项目志愿服务工作。

日前,北航派出的储备志愿者骨干,在做好防疫的前提下,已先后接受了滑雪技能培训,以及雪上项目和滑行项目测试活动志愿者通用培训。

冬奥组委会志愿者部组织开展志愿者通用培训,介绍了北京2022年冬奥会和冬残奥会工作进展、志愿服务通识、雪上项目和滑行项目、冰雪运动志愿服务、场馆安全教育等五大板块的内容,着力提升志愿者的综合素质与服务能力,保障测试活动顺利进行。

■ 延庆赛区志愿者工作场地介绍

■ 国家高山滑雪中心工作场地介绍

参与培训的志愿者骨干中,既有冰雪运动爱好者,也不乏"滑雪场新手"。他们通过学习冬奥知识,提高了自身素质,点燃了对奥林匹克运动的热情,听听他们怎么说。

接下来,一起回顾北航参与冬奥志愿服务各项工作进程。

2020年3月,北航启动第一批北航冬奥会志愿者报名工作。截至12月25日,已有4269名北航在校学生在北京2022年冬奥会和冬残奥会志愿者全球招募网站申请报名。

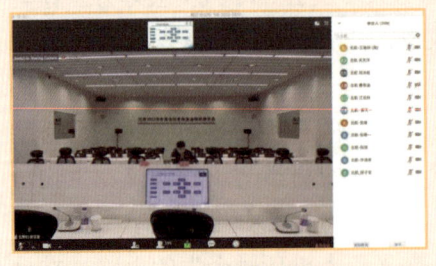
■ 冬奥组委会志愿者部组织开展志愿者通用培训

经过滑雪知识培训，我逐渐揭开了滑雪运动的神秘面纱，这是一项充满激情与技巧的运动！在人流如织的滑雪场上，大家脸上的笑容说明了冰雪运动在我国推广的成效。衷心祝愿2022年冬奥会圆满成功，相信冰雪运动将真正地走进我们的日常生活，为冬日时光增添精彩。

——北航志愿者　材料科学与工程学院　徐子安

作为志愿者的一分子，我看到了每一位冬奥工作人员的奉献与付出，更感受到了肩负的责任，我们展现的是当代中国大学生的风貌，要做到专业本领过硬、服务积极热心。培训活动让我们了解了以滑雪为代表的雪上运动的基本知识，在享受乐趣的同时也领略了冰雪运动的魅力，更感受到了在冰天雪地里大家内心的热情。祝福冬奥会能够为全世界冰雪运动的爱好者带来盛宴，向全世界人民展现冬奥梦交汇中国梦的美好。2022冬奥会，我们准备好了！

——北航志愿者　生物医学与工程学院　邢一冰

第一次穿上雪板、踏上雪场，感受了滑雪运动的魅力。作为北航学子，我十分荣幸能成为测试活动储备志愿者之一；作为一名青年志愿者，我会努力用服务和奉献践行"青年服务国家"，完成好各项工作任务，为冬奥会的成功举办贡献自己的力量。

——北航志愿者　法学院　曹雨涵

> 对于从小热爱冰雪运动的我来说,每年滑冰滑雪已成习惯,但这次在石京龙滑雪场的感受非同一般,作为志愿者,我离冬奥更近了一步!2022年北京冬奥会有一个目标便是让3亿人走上冰雪,我也由衷地希望广大民众能够接触冰雪,热爱冰雪,相信冬奥会不仅是促进全民上冰雪的契机,更是向世界展示中国风采、大国姿态的契机。
>
> ——北航志愿者 士嘉书院 高琬婷

■ 北京2022冬奥会和冬残奥会赛会志愿者全球招募启动仪式

■ "燃动青春 助力冬奥"——北京冬奥宣讲团北京航空航天大学专场宣讲会

■ 北京团市委组织召开北京2022年冬奥会和冬残奥会延庆赛区馆、校、地对接会议

2020年11月25日,"燃动青春 助力冬奥"——北京冬奥宣讲团北京航空航天大学专场宣讲会在我校新主楼第一报告厅成功举办。宣讲采取线上观看和线下直播相结合的方式,百余人参与了本次活动。

2020年12月11日,北京团市委组织召开北京2022年冬奥会和冬残奥会延庆赛区馆、校、地对接会议。我校党委副书记程波在会上表示,北航将积极响应冬奥组委、团市委等上级部门的部署要求,与各方充分沟通,融合共进,全力做好高山滑雪项目志愿者的遴选、培训和保障工作。

2020年12月,我校相继开展多项志愿者储备工作。

2021年1月13日,北航专业志愿者骨干参加水立方颁奖仪式全要素演练活动。

2021年1月28日上午,12名北航

冬奥储备志愿者骨干举行线上见面会，国家高山滑雪中心志愿者经理李广玉主持活动。

■ 12名北航冬奥储备志愿者骨干举行线上见面会

■ 北航专业志愿者骨干参加水立方颁奖仪式全要素演练活动

冰雪运动　北航健儿展风采

"每天锻炼一小时，健康工作五十年"，北航有着优秀的体育传统，也是高校推广滑雪运动的重要贡献者，北航学子多次在滑雪专业比赛中取得优秀战绩。

■ 北航健儿风采

2007年，在北京市"滑雪之星"大学生滑雪教学活动中，我校产生了第一批热爱滑雪运动的师生。2014年，北航雪协正式在我校社联注册，成为北航唯一一个有关冰雪运动的学生社团。

学校每年选拔学生组建北航滑雪队，代表学校参加北京和全国的大学生高山滑雪比赛，如今已是第15个年头。

传承冬奥文化，弘扬冬奥精神。踏实肯干，五育并举，北京2022冬奥会，北航贡献力量！

■ 元旦万龙集训

■ 2021年寒假期间北航滑雪队集训

■ 2021年寒假期间北航滑雪队集训合影

高山故事我来续写！服务冬奥，北航准备好了！

◆ 推送日期：2021年3月25日

2021年3月19日，"相约北京"系列冬季体育赛事雪上测试活动延庆赛区志愿者工作总结会在首钢陶楼第一会议室举行。

北航学院守锷书院执行院长、国家高山滑雪中心志愿者经理李广玉从志愿者日常工作、测试成果和存在的问题等方面介绍了志愿者领域测试活动的情况。

在本次测试活动中，北航总志愿服务时长为1560小时，其中山上服务时长达到672小时。此次测试活动检验了志愿者部内部的协调能力，基本达到了预期测试效果，积累了大量经验。

北航学院守锷书院执行院长、国家高山滑雪中心志愿者经理李广玉发言

北航校团委书记庄岩受邀在总结会上发言。他表示，北航要以"聚航、启航、领航、智航"四个关键词续写奥运情缘、优选骨干团队、强化思想引领，以"优先、优选、优异"的"三优"原则推进2022年冬奥会和冬残奥会志愿者选拔和筹备工作，全力支持国家高山滑雪中心志愿服务工作。

北航志愿者不负重托，充分发扬"奉献、友爱、互助、进步"的志愿者精神，不畏艰难，圆满完成本次测试活动。他们用青春与热血将属于自

北航校团委书记庄岩受邀在总结会上发言

己的冬奥故事，书写在海拔2198米的小海坨山上。

■ 北航高山滑雪志愿者团队

2021年的春节，有风，有雪，有志同道合的伙伴，还有我们共同热爱的志愿服务。

5:00

测试活动志愿者的一天从凌晨5点钟开始，简单地着装、洗漱，急匆匆地出发，前往延庆运行指挥中心用早餐。

6:30

前往国家高山滑雪中心的大巴开始发车，这将近一个小时的车程是志愿者们休息的好时机。

7:20

志愿者抵达目的地并召开晨会，以激动人心的口号开启一日的志愿服务工作。

高山滑雪中心主任张素枝等场馆领导热烈欢迎各位志愿者的到来，详细地为志愿者介绍赛区基本情况。

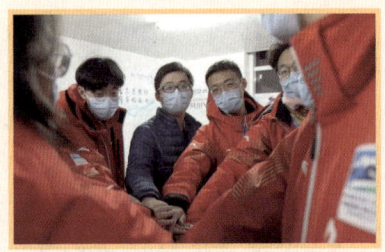
■ 志愿者抵达目的地并召开晨会

■ 张素枝主任与志愿者们合影

■ 柳千训秘书长为志愿者介绍场馆

晨会后

志愿者前往各自的岗位上岗。

VCC助理

主要协助场馆通信中心的运行，为场馆团队成员提供信息服务和便捷有效的通信支持，同时保持与主运行中心的联络沟通，保证信息的上传下达。

■（从左至右）志愿者经理李广玉、VCC经理吕立鑫、VCC实习生吕福英、VCC助理江浩林、解天一

■ VCC助理江浩林做场馆信息播报

摄影助理

主要跟随摄影经理，测试摄影点位，并辅助记录摄影点位的情况。

■（从左至右）摄影助理徐子安、摄影经理刘蒲宇

■ 摄影助理徐子安协助测试拍摄点位

颁奖助理

作为颁奖礼仪小姐，志愿者负责整理颁奖奖品，并在颁奖的时候按流程将奖品呈递给颁奖者。

宣传助理

负责协助场馆新闻中心服务新闻媒体团队，助力讲好高山故事。

■（从左至右）颁奖经理董向阳，颁奖助理张琪、张敬一，志愿者经理李广玉

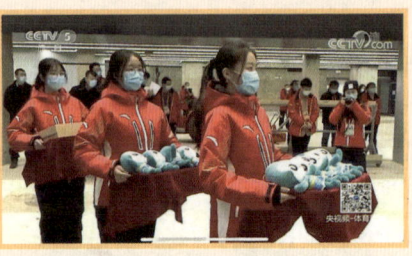
■颁奖助理张琪（左一）、张敬一（右一）在颁奖仪式上

■（从左至右）新闻运行经理郎丰杰、宣传助理王瀚洲

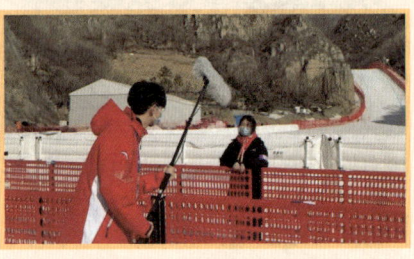
■宣传助理王瀚洲协助模拟媒体采访

■（从左至右）志愿者经理李广玉，志愿者助理曹雨涵、刘洋岐、关天洋

■志愿者正在装饰志愿者之家

志愿者助理

为其他志愿者做后勤保障工作，是其他志愿者最坚强的后盾。

技术助理

负责协助技术经理，为场馆运行提供技术保障。

■志愿者张贴海报

■ 技术助理李逸晖跟随技术经理学习

■ （从左至右）赛时服务副经理李鹏、场馆秘书长柳千训、志愿者经理李广玉

赛事服务
直接面对观众，负责提供咨询引导等服务。
14:00
高山滑雪中心的日常运行任务结束，志愿者返回延庆运行指挥中心，开启每日的培训与学习。

组织两次学习日活动，学习习近平总书记关于冬奥会、冬残奥会的重要论述。

期间，来自北航的高山滑雪志愿者团队与来自农大的雪车雪橇志愿者团队举行团建交流活动，双方互赠礼物、共叙友情。

■ 朱文彬经理做场馆通用知识培训

■ 刘杰经理做助残知识培训

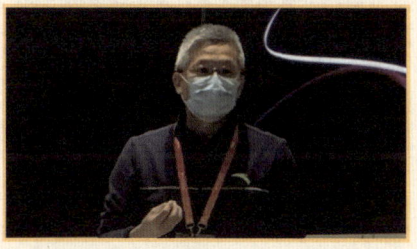
■ 董学模主任就残奥会志愿服务与志愿者亲切交谈

■ 志愿者参加消防安全培训

■ 志愿者参观展览馆，了解场馆建成历史

■ 学习日活动

■ 来自不同院校的志愿者们互赠礼物

19:30

晚饭后返回驻扎营地，志愿者召开晚例会，总结当日志愿者工作，安排各职能组任务。

20:00

回到各自的房间，经过短暂休整，卸下助理身份的志愿者们开始了新的工作。

12位志愿者组成四个职能组，分别是考核激励组、宣传推广组、培训组织组和服务保障组，志愿者一人多岗，全力为明年冬奥的志愿服务工作做准备。

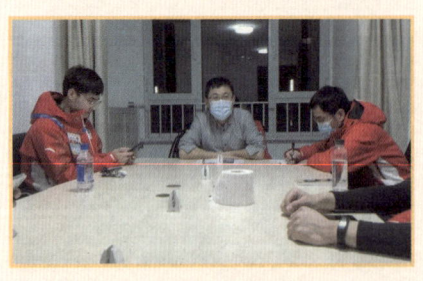
■ 志愿者召开晚例会

考核激励组总结编写了团队建设活动方案以及志愿者早间热身活动方案，为2022年志愿者服务期间如何调节志愿者们的心理精神状态提供了解决方案。

服务保障组不仅制定归纳了志愿者的物资分发、发热、受伤处置程序，而且，对于日间进行的针对眼镜防雾、严寒条件下手机使用等问题的测试结果做了相应的分析整理，形成了完整的处理方案报告。相关工作为如何在2022年志愿者顺利进行志愿服务提供保障积累了宝贵的经验。

培训组织组针对赛时志愿者所在的工作岗位，剪辑制作了9条岗位介绍视频，总计24分钟，并编写了约一万字的岗位培训文字资料。为日后志愿者们岗位服务培训打下了坚实的基础。

■ 北航志愿者们合影

宣传推广组在服务开始之前，便已经开展了涉及推送制作、志愿者之家海报设计等相关工作。在志愿服务的同时，宣传推广组还负责整理每日的会议纪要，并将日间发生的重大的工作事件记录整理，汇总成当日的工作简报。

测试活动志愿者的工作于2021年2月26日顺利结束。为了总结好志愿工作经验、表彰志愿者们在测试活动中的优异表现，2021年3月6日，"相约北京"系列冬季体育赛事延庆赛区测试活动志愿者交流会在如心会议中心中报告厅举行。校团委书记

■ "相约北京"系列冬季体育赛事延庆赛区测试活动志愿者交流会

庄岩，国家高山滑雪中心志愿者经理、北航学院守锷书院执行院长李广玉，国家高山滑雪中心赛事服务副经理、仪器科学与光电工程学院分团委书记李鹏及志愿者所在学院分团委书记、北航冬奥测试活动志愿者全体成员参加会议，交流会由校团委副书记丁瑞云老师主持。

测试活动志愿者从工作总结、心得体会、未来展望三个方面，对测试活动的七个岗位、四大职能组进行工作汇报。与会的领导们充分

肯定测试活动志愿者的各项工作，并表示将始终关心和支持冬奥志愿者的选拔和培训工作。庄岩书记对冬奥测试活动志愿者工作给予高度评价，认为高山滑雪志愿者团队做到了"领学、领做、领先、领航"，并对2022年冬奥会志愿者选拔和筹备工作提出了"优先、优选、优异"三点期望。

"相约北京"系列冬季体育赛事测试活动顺利结束，高山志愿者团队在测试活动中交出了优秀的答卷。

距离北京冬奥会开幕还有不到320天，相信"双奥之城"北京必将为世界呈现一届精彩、非凡、卓越的奥运盛会，北航志愿者会在高山之上继续书写冬奥故事，展现青年力量与青春风采。让我们一起来为冬奥加油！

百年薪火，青春芳华！正式启动！

◆ 推送日期：2021年5月2日

肩负时代使命，书写青春华章，红色筑梦初心，迎接建党百年。4月30日，北京航空航天大学"百年薪火，青春芳华"2021年社会实践启动仪式暨全国科普日第二届"中国飞天梦—科普万里行"出征仪式于晨兴音乐厅举办。

仪式现场

中央群团领导、省市领导、北京市委办局领导、航空航天企业领导等14人，校党委副书记程波、校团委书记庄岩、北航飞行学院党委书记朱颖、飞天梦志愿团领导等人出席启动仪式。北航学生代表、北京八一学校学生代表等人参与启动仪式。

程波老师对参加本次仪式的领导、嘉宾表示了欢迎，肯定了北航社会实践工作一年来的成果，勉励全体同学积极参与社会实践，用实际行动践行初心使命，续写青春篇章，并在五四青年节到来之际预祝各位青年朋友节日快乐。

全体参会人员共同观看了视频《北航社会实践工作回顾及2021年度社会实

■ 2021年社会实践启动仪式暨全国科普日第二届"中国飞天梦—科普万里行"出征仪式

■ 仪式现场

■ 校党委副书记程波讲话

践总体安排部署》。视频以"肩负时代使命,书写青春华章""红色筑梦初心,迎接建党百年"两个篇章,回顾了北航近年来的社会实践成果,并对在建党百年开展扎根祖国大地的生动实践进行了展望。

■ 视频截图

■ 活动启动仪式

■ 与会领导为实践队授旗

北航"百年薪火,青春芳华"2021年社会实践启动仪式正式举行,与会领导为社会实践队授旗,并为北航"空天报国专项"学生社会实践共建单位揭牌。

仪式在嘹亮的《没有共产党就没有新中国》的歌声中结束。

■ 与会领导为活动揭牌

■ 仪式现场合影

2021北航社会实践在行动

2021年是中国共产党成立100周年，也是"十四五"开局之年、全面建设社会主义现代化国家新征程的开启之年。北航将以"百年薪火，青春芳华"为主题，以"1－10－100－1000"为主线，组织实施年度社会实践活动。

1

今天，首支社会实践队伍"中国飞天梦—科普万里行"团队将出征，重走中国共产党建党百年路，开展第二届"中国飞天梦—科普万里行"活动，深入革命老区开展航空航天科普和党史学习教育。

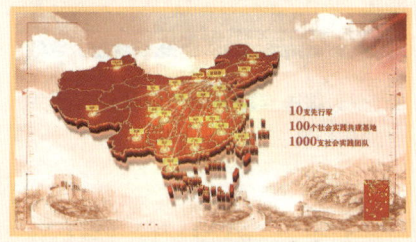

■ "1-10-100-1000"实践活动分布地图

■ "中国飞天梦—科普万里行"团队出征照片

10

参加此次出征仪式现场的"传承之焰"支教团、"蓝天之梯""心起点""翼缕碧空""醉美苗乡""随爱行""育暖航行""溯影""鼎聚星火""星源流明"等

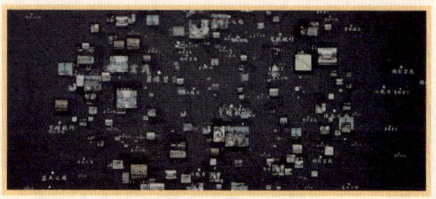

■ 各实践队剪影

第三章·实践探索

10支实践队将作为"排头兵、先行军",率先筹备开展社会实践活动。

100

学校将在共青团中央、北京团市委、中国科协等上级部门,航天科技、航天科工、航空工业、中国航发等航空航天领军企业,及各地方政府的大力支持下,面向行业企业、基层一线在全国各地建立100个社会实践共建基地。

■ "空天报国专项"大学生社会实践共建单位牌匾

1000

在未来一年时间里,学校将组织1000支团队开展系列社会实践活动,特别是前往嘉兴、延安等中国共产党发展历程中的重要地点,开展参观学习、党史人物访谈、红色主题支教、军工企业调研等活动。

2021年,北航学子将重走风雨百年路,高歌奋进新征程,在奋斗中汲取力量,在前行中肩负责任,更好地成长为担当民族复兴重任的时代新人,以优异成绩迎接建党百年!

建党百年,北航志愿者践行"请党放心"

◆ 推送日期:2021年7月11日

庆祝中国共产党成立100周年大会和文艺演出《伟大征程》于上周结束,一声声铿锵坚定的"请党放心,强国有我"还回荡在耳畔,"没有共产党就没有新中国"的歌声依旧在心中回响。

在热烈欢腾的庆祝活动背后,有308名来自北航的志愿者服务于大会与演出现场,为庆祝活动的顺利进行贡献北航力量。

庆祝大会上,220名北航志愿者在天安门广场负责观众引导与秩序维护。文艺演出中,88名北航志愿者在鸟巢国家体育场负责保障通行秩序和应急疏散通道畅通。他们以螺丝钉精神坚守岗位,用自己优质的服务保障活动的顺利进行。

担当使命 重任在肩

为了完成好这次光荣而重大的志愿服务任务,北航志愿者们在校团委的组织下开展了一系列准备工作。

志愿者选拔于4月16日启动,骨干志愿者进行了共计560小时的培训。

5月下旬,308名志愿者组成了重大活动志愿服务队,进行了包括

■ 北航志愿者在鸟巢国家体育场负责保障通行秩序

■ 北航志愿者在天安门广场合影

■ 主题培训和工作会之一

■ 主题培训和工作会之二

■ 实地踏勘,全要素演练之一

■ 实地踏勘,全要素演练之二

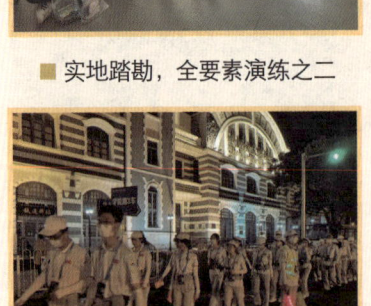
■ 实地踏勘,全要素演练之三

党史学习、急救知识、礼仪规范等主题的培训和工作会6次,庆祝大会志愿者参与实地踏勘、全要素演练共3次,文艺演出志愿者参与专场演出及正式演出共3场。在"七一"前,所有志愿者培训总时长已经超过6000小时。

严守规范　振奋精神

为了响应指挥部的防疫与安全管理要求,自6月1日起,所有志愿者不得离京;自6月18日起,所有志愿者未经批准不得离校。6月初至最终完成服务任务的一个月里,庆祝大会和文艺演出的志愿者们分别进行了3次和7次核酸检测。

尽管许多次演练、演出和正式服务的时间都处于深夜甚至持续至次日上午,志愿者们仍然在夜幕中坚守岗位,以小组为单位的志愿者们在各自组内及小组之间互相鼓励,保持良好的状态和饱满的精神,尽己所能为每一位服务对象提供帮助。

请党放心　强国有我

最终，308位志愿者凭借热情的态度、专业的服务展现了北航人良好的精神风貌，也得到了广泛关注与认可。

NO.1

庆祝大会志愿者，仪器科学与光电工程学院硕士研究生王一舟、本科生谢漪涵和物理学院硕士研究生苗余超受到中国新闻网采访。王一舟说："作为一名共产党员，首先要坚定自己的信念，再就是要时时刻刻记住有一颗为民服务的心。"

NO.2

在接受《北京周报》的采访时，自动化科学与电气工程学院的本科生王鹏和吕子良表示，"希望能通过我们的服务，带给观众更好的观会体验"。

NO.3

中法工程师学院本科生张毅博告诉《新京报》记者，"虽然从半夜就已经启程，但没有一个人抱怨和埋怨，大家都很积极地参加这个工作"。

尽管过程中历经重重坎坷，志愿者们都克服了困难，圆满完成了志愿任务，领略到一生兢兢业业为人民服务的老党员的风采，切实感受到国家对青年人的重视与关爱，更成功见证了又一伟大光辉的历史时刻。回顾这段光荣而难忘的经历，他们也有许多话想说：

我辈青年，自当有理想，有本领，有担当；作为北航学子，更是要争当时代楷模，传承这一份报国热忱。生在伟大时代，长在红旗之下，见证祖国繁荣，请党放心，强国必将有我！

——软件学院本科生　王彦婷

四点的天安门庄严神圣，东方的天空渐渐露出了鱼肚白，我和小组成员一起端坐，见证了七月一日初升的太阳。它徐徐升起，伴着周围点点云霞，阳光一寸寸洒在静谧的广场上，温和而有力量。正如那时开始忙碌的志愿者、后台准备的合唱团员和已经就位的工作人员，正如历经百年仍是少年的中国共产党，坚定地一步步向人民走来，向世界走来。

——自动化科学与电气工程学院硕士研究生　李晓达

三军仪仗队从距离我不到两米的地方踢正步走过、飞行梯队从我头顶飞过、十万只鸽子被放飞、气球飘在广场天空……现在依稀记得当时的我激动到热泪盈眶。为生在这个时代感受到无比自豪，也明白这个和平时代的来之不易，有很多的人为我们的和平负重前行！

——仪器科学与光电工程学院硕士研究生　王婷婷

会议期间雷雨骤降，志愿者仍保持端坐聆听，我服务的全国模范法官代表说："志愿者不穿雨衣，我也不穿！"心里的感动无以复加，我们志愿者的坚守被群众看在眼里，记在心里。服务于如此可爱的人民群众，再多辛苦也值得！为我们可爱的人民群众点赞！

——材料科学与工程学院博士研究生　姜艺凌

一代人又一代人的使命，一代人又一代人的担当，没有老一辈共产党人矢志不渝的努力，就没有如今这太平盛世。历史的接力棒已经传到我们的手上，作为北航的学生党员，我们会继续秉持"空天报国，敢为人先"的精神，在祖国大地上谱写属于我们这一代人的青春华章。

——航空发动机研究院硕士研究生　任玖浩

在演出中，我们与观众一起见证共产党在风雨飘摇的年代里带领着中国，披荆斩棘、一路前行的光辉历史。偌大的国家体育场里掌声与欢呼声此起彼伏、不绝于耳。衷心祝愿我们的祖国繁荣富强，也祝我们的党100岁生日快乐！"

——宇航学院本科生　李龙渊

能现场服务于建党百年的盛大文艺演出活动，我和同学们都备感荣幸与自豪。一百年波澜壮阔，一世纪沧海桑田，伟大征程铸就伟大精神，伟大精神引领伟大征程。志愿服务的精神在于传递爱，实地的服务工作让我们对新时代青年肩负的责任、希望有了更深刻的认识。奋斗者与时代并进,青年人与祖国同行,伟大复兴路,强国我们来。

——化学学院硕士研究生　彭光圣

庆百年华诞　展青年风采

■ 参与建党百年活动的北航志愿者合照之一

■ 参与建党百年活动的北航志愿者合照之二

■ 参与建党百年活动的北航志愿者合照之三

■ 参与建党百年活动的北航志愿者合照之四

习近平总书记在庆祝中国共产党成立100周年大会上发表的重要讲话中要求，新时代的中国青年"要以实现中华民族伟大复兴为己任，增强做中国人的志气、骨气、底气，不负时代，不负韶华，不负党和人民的殷切期望"。北航青年定当铭记在心，不负习近平总书记重托，践行"请党放心，强国有我"的承诺，共同为党的下一个百年光辉历程谱写华章。

青年服务国家！首都高校科技志愿服务总队成立仪式在北航举行！

◆ 推送日期：2021年7月13日

7月12日上午，首都高校科技志愿服务总队成立仪式暨2021年首都大中专"青年服务国家"学生社会实践活动出征仪式在北京航空航天大学晨兴音乐厅举行。

■ 首都高校科技志愿服务总队成立仪式

中国科协党组成员、书记处书记王进展，共青团北京市委员会书记李军会，中国科协科学技术普及部副部长廖红，北京市科协党组成员、副主席陈维成，共青团北京市委员会副书记李健，北京航空航天大学党委副书记程波，共青团中央青年发展部实践教育处处长阚宝奎，中国科协科普部基层处处长黄晓春，北京市委教育工委宣教处处长寇红江，北京团市委大学中专工作部部长刘炳全，北京市科协科普部部长尹树国，北京团市委、北京市科协以及北京市高校师生代表等300余人出席活动。活动由团市委副书记李健主持。

活动开始前，北京航空航天大学时任党委书记曹淑敏与参加活动的各位领导、嘉宾会面，并就志愿服务、社会实践和科创育人等工作座谈交流。

■ 北航各位领导与嘉宾进行工作座谈交流

活动现场，参与人员共同观看了首都高校科技志愿服务总队视频。

■ 北京航空航天大学党委副书记程波讲话

程波对到场的领导、老师、同学表示热烈欢迎。首都高校科技志愿服务总队将致力于汇聚首都高校科技志愿服务资源，以"青创北京"为牵引，进校园、进社区、进乡村、进基层，以真才实学服务人民，以创新创造贡献国家，助力青少年等广大人民群众科学素质提升。同时，北航作为总队秘书处单位，将履职尽责，做好服务保障，与各高校共同推进总队的持续发展，把首都高校科技志愿服务等各项青年服务国家的社会实践活动做实、做精、做优。

■ 共青团北京市委员会书记李军会讲话

李军会在讲话中表示，成立首都高校科技志愿服务总队，是进一步深化"青创北京"工作的重要举措，旨在推动科技创新与"青年服务国家"社会实践品牌项目的有机融合，实现科创教育与实践教育的共通、青年成才与青春建功的共进、人才培养与服务社会的共融。同时，他还向广大同学提出了三点希望，一是通过社会实践深切感受党的壮阔历史，进一步砥砺爱党报国情怀；二是通过社会实践深入了解国情社情民情，进一步激发时代使命担当；三是通过社会实践全面展现中国青年形象，进一步助力中外民心相通。

■ 中国科协党组成员、书记处书记王进展讲话

王进展在讲话中指出，大学生科技志愿者是科技志愿者的重要组成部分，今天在中国科技志愿服务总队下发起组建首都高校志愿服务总队，旨在进一步统筹协同高校科技志愿服务资源，为

乡村振兴和科技强国建设汇聚青年力量。同时王进展书记对参与科技志愿服务和社会实践活动的同学提出了三点希望。一是弘扬科学精神，普及科技知识；二是要讲述科学故事，树立科学理想；三是要运用科创成果，助力乡村振兴。他表示，大学生科技志愿者有着良好的科学素养、赤诚的家国情怀和强烈的责任担当，希望同学们在开展科技志愿服务中更好地实现人生价值、升华人生境界，做堪当民族复兴重任的时代新人。

王进展、李军会、廖红、陈维成、程波、阚宝奎、寇红江共同启动成立首都高校科技志愿服务总队。

来自中国人民大学科技志愿服务队、北京师范大学北师青年·冬奥有我实践队、北京航空航天大学传承之焰支教团的三位学生代表分别发言，介绍了各自学校、队伍的基本情况，并对如何更好开展科技志愿服务进行了展望。

■ 领导们共同启动首都高校科技志愿服务总队成立仪式

■ 学生代表发言

王进展、李军会为来自北京大学、清华大学等20所高校的首都高校科技服务队、"青年服务国家"社会实践队代表授旗。

首都高校科技志愿服务总队学生代表进行宣誓。他们表示，将遵

■ 授旗仪式

■ 学生代表宣誓

守总队章程，履行科技志愿者义务，发扬"奉献、友爱、互助、进步"的志愿服务精神，为实现中华民族伟大复兴的中国梦而努力奋斗。

活动在全场齐唱《没有共产党就没有新中国》的嘹亮歌声中圆满结束。

■ 全场齐唱《没有共产党就没有新中国》

出征仪式前，李军会一行还调研了北京航空航天大学共青团建设发展和学生创新创业工作等。

据悉，此次首都高校科技志愿服务总队由来自北京大学、清华大学、北京航空航天大学等20所高校的百余支队伍组成，他们将通过开展科技志愿服务，助力解决边远山区、贫困地区和革命老区科普工作不平衡、不充分的问题，为乡村振兴和科技强国建设汇聚首都高校的青年力量。

■ 领导与学生合影

《吕梁日报》报道！
这一年，如何玩转"科普教学"？

◆ 推送日期：2021年8月13日

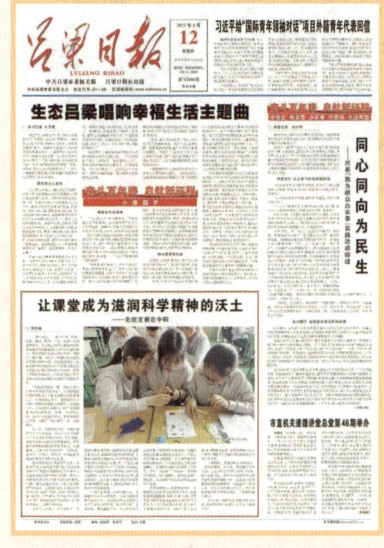

■《吕梁日报》报道我校研究生支教团事迹

■ 线上VR科普体验课

2021年8月12日，山西省一级报纸、中共吕梁市委机关报《吕梁日报》第1版要闻报道我校研究生支教团事迹——《让课堂成为滋润科学精神的沃土》。

一年时间，跨越700公里的缘分，让更多的青少年心怀科学梦想、树立创新志向，开展科普教学。

让课堂成为滋润科学精神的沃土——北航支教团在中阳

一端在北京，一端在中阳，搭建、链接、测试、联网、开机，经过一系列直播操作，北京航空航天大学校内实验室演播厅实况转播到山西中阳的高中课堂，具有颠覆性的虚拟现实技术让同学们兴趣大增，实时交互的增强现实画面让同学们惊呼神奇，这是北航研究生支教团携手虚拟现实技术与系统国家重点实验室为中阳几百名学生带来的一场线上VR科普体验课。类似这样的以科普为核心的特色课程在支教团已经数见不鲜。

支教老师就是一颗一直能为学生们发光发热的闪耀恒星。

这是刚刚在中阳结束服务工作的支教团成员的感悟。作为五年来首批在中阳一中和中阳职中任教的支教团队，过去的一年，3名成员除承担共计12个班级每周50课时的数学、物理、化学科目外，还针对学科教学特点，积极发挥专业优势，找到了"科普教学"这一创新抓手。

这一年，支教团在中阳一中和中阳职中开办科技社团，为两所中学的师生带来了十余场包括科普知识、科技实践、科学精神等在内的系列专题活动，积极将优质科教资源辐射到贫困地区，启迪偏远山区青少年科学思维，"讲科学、爱科学、学科学、用科学"的内涵在支教团的感召下逐渐丰富起来。

■ 学生进行科普动手实践

整合资源渠道　组织科普实践

支教团申报入选中国科协"青少年STEM教育计划"科教支教团项目，针对学生实际遴选高校优质"科教资源包"，充分结合学科授课实际，形成"科教1+1"模式，打造一周科普理论知识、一周学生实践操作的体系。支教成员紧扣生活与课本知识内容，通过日月地三球仪、自制吸尘器、抽水机、水果电池、太阳能汽车等各类小制作，将课堂知识与实践相结合，锻炼学生动手能力，培养学生科学兴趣。

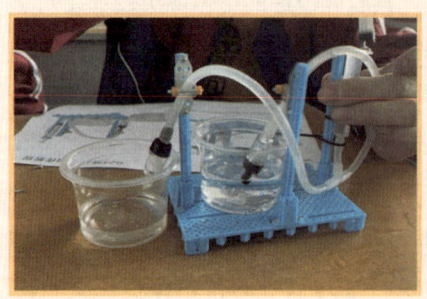 
■ 学生的小制作成果展示

发挥专业优势　开展科普教育

支教团注重将成员专业素养和工作业务覆盖有效结合，倡导课内课外知识联动、专题课与拓展课相结合，在科普教育中体现浓厚的航空航天元素，累计开展"打造中国航空发动机叶片'金钟罩'""嫦娥五号首次月面采集"等专题课程，组织学科生涯规划、空天精神分享等系列讲座，通过多元化的教学和多样性的课程丰富STEM教育内涵，打造特色鲜明、针对性突出的教学框架。

■ 开展系列专题课程之一

■ 开展系列专题课程之二

■ 开展系列专题课程之三

打通平台渠道　丰富科普形式

支教团把握定点扶贫优势，发挥北航科普教育基地作用。协同北航集成电路科学与工程学院共同开展"教授进中学"主题讲座，覆盖基础学科、科技前沿和思政教育等领域，显著提升科普成效；与虚拟现实国家重点实验室达成合作，开展云参观VRLab主题活动，线上组织虚拟现实科普体验课；与北航航空航天科普讲团携手，开展航天科技与发展线上讲座等；依托"冯如杯""挑战杯"等优质双创资源，学生航模队、宇航协会等社团组织，带动中阳与北航形成科普基地育人通道。

■ 系列线上科普讲座

多维激励帮扶　促进内涵提升

支教团结合当地科技社团指导作用，创造性完成包括数学、物理、化学、生物、天文等各类趣味实验、基础科学知识及科学家的传记等的图书配置，满足学生科普理论知识需求。同时打造文化品牌，定制专属文化衫、手环及特色纪念小礼物等，增进学生兴趣引导，激励科普作用有效提升。

■ 图书资源配置

一年时间，跨越700公里的缘分，一系列有特色、合实际、重质量的科普活动，让更多的青少年心怀科学梦想、树立创新志向。研究生支教团作为北航与中阳连通渠道的一环，见证着大批志愿实践团队扎根奉献，见证着多个实习实训、社会实践基地共建共享，见证着越来越多青少年志存高远、开拓新的奋斗航向。

如今，新一届研究生支教团接力启航，滋润科学精神的课堂故事正在书写！

立足教学实际，发挥学科优势，以科教扶贫助力乡村振兴。普及科学技术知识，传承空天报国情怀，接力启航，始终在路上！

■ 科技社团合影

第三章 · 实践探索

《固原日报》报道！
在泾源，打造有温度有意义的支教！

◆ 推送日期：2021 年 8 月 25 日

2021年8月25日，中共固原市委机关报《固原日报》第3版综合报道我校研究生支教团事迹。

回首这段相遇，为期一年的经历弥足珍贵，跨越千里的缘分终生难忘，瞄准"有温度、有意义"这一目标，"仰望星空，脚踏实地"。

■《固原日报》报道我校研究生支教团事迹

泾源支教这一年

泾源县每年都会迎来一批来自北京的支教老师——北京航空航天大学研究生支教团。从2003年开始至今，已持续了18年。一批又一批青春热血的年轻人怀着对山区孩子的爱，来到大山深处，为孩子们ch传授知识，开拓孩子们的视野。这段满载收获的经历弥足珍贵，支教团的每个成员都有不一样的体验，这份跨越1000多公里的情谊让他们终生难忘！

早上要离开的时候，几十个孩子出现在眼前，拿着自己制作的礼物，坚持要送别我们。他们是那么真实，那么可爱。当孩子们"抢"过我们的行李箱放上车的那一刻，我忍了好久的泪水终于绷不住了，和孩子们一一拥抱后，我赶紧坐到车的后排，怕他们看见我哭……

■ 支教团合影

这是支教团成员在随笔中写下的一段话。今年夏天，在泾源县新民中心小学结束支教服务的成员与孩子们依依惜别，他们难以忘记和孩子们朝夕相处的一幕幕。

这一年，我们肩负使命，务实教育教学主责

"老师，我们这一个月已经换了3个语文老师了！不会再换了吧？"支教的第一堂课上，学生的这句话让支教老师沉思了很久。他们深刻认识到教育发展不平衡的问题，努力改变现状成为激励他们的精神动力。

■ 支教团授课

■ 系列教研活动

支教团针对新民中心小学师资缺口现状，分别执教二年级至六年级语文、英语、科学、信息技术等多门课程，并承担班主任、教务处助理等工作。从"新手教师"到"课堂达人"，支教团充分利用先进教

学经验，引进优质育人理念，形成了培优辅困、签约奖励、专题辅导等特色教学方法。全学年授课累计超过3200课时，覆盖近400名山区孩子。课程成绩平均分达到75分，及格率超过80%，优秀率达23.16%。3名成员获评学区优秀教师称号，所在班级多次在县乡及校级考试中取得优异成绩，"互联网+""课程思政"等教研成果获县级二等奖，在践行"支教扶智"的使命上交出满意答卷。

这一年，我们积极作为，打造第二课堂品牌

手工制作、趣味比赛、特色游戏……在新民中心小学，支教老师组织的丰富多彩的活动始终是孩子们最期待的。在第二课堂实践中，支教团成员将创意元素带给山区孩子，让孩子们接受生动新奇的知识。

支教团在这里最可贵的价值和意义，是对学生视野的开拓。

这是学校对支教老师的评价。

支教团不仅全面参与校园文化体育活动，还发挥专业素养优势，开展系列课外实践活动，组建泾源县首支小学生国旗护卫队，开展专题党课、手工模型、演讲比赛等主题活动；发起航空航天兴趣周活动，从课上学知识，到亲手做航模、发"火箭"，在孩子们中弘扬科学精神；举行航空航天趣味运动会，将素质拓展和体育文化课有机结合……近十场校园文化活动，"航味儿"的课外实践成为支教团的一张闪亮名片。

 ■ 组建国旗护卫队

 ■ 航空航天兴趣周活动

■ "学党史"系列活动

■ 航空航天趣味运动会

这一年，我们心怀热爱，搭建资源帮扶桥梁

2021年初，一批从北京寄来的礼物填满了学校的储藏间，篮球、书包、课外书、玩具……这是北航师生为新民中心小学200多名贫困及优秀学生寄来的新年礼物。今年4月，上千册崭新的图书被分类打包送至每一个班级，温暖而纯真的祝福跨越千里，陪伴孩子们茁壮成长。

支教团广泛联络政府部门、企业、校友、社会组织等，发起"你的心愿我来圆"活动，达成新年心愿200余份；联络社会公益基金会开展"慈弘·悦读成长计划"，无偿资助班级建设图书角；携手北航校内师生及5个学生社团组织，打造乡村教育教学帮扶平台；拉动"七彩假期""青年志愿者助力乡村学校少年宫"及北航专项公益奖学金等数万元，牵引教育资源、物质支持和人文关怀，让孩子们享受更好的教育资源和感受来自社会各界的关怀。

■ "你的心愿我来圆"活动

■ "慈弘·悦读成长计划"

这一年，我们创新担当，开拓实践育人平台

"我将来想考上理想的大学""我最崇拜我的语文老师""我想成为和老师一样的人"……越来越多的孩子在作文中写下对支教老师的喜爱，用稚嫩的笔触将北航与泾源之间的桥梁描绘得更加多彩而坚实。

为进一步推进校地合作、发挥青年作用，今年北航在泾源县挂牌设立"大学生社会实践基地"，充分总结十余年的帮扶经验，吸引更多北航青年前往泾源县，围绕革命事迹、教育调研、乡村振兴、创新创业、首都研学等领域，实现志愿奉献和创新实践的长足发展。

一年的故事，一生的感悟。在新民中心小学有一间特殊的展览室，陈列着历届北航研究生支教团在这里的工作事迹、感人故事和点滴生活，留存着每一届扎根宁夏、志愿奉献的青年学子最真挚的回忆，他们共同见证着泾源县教育事业的变化，共同托举起孩子们心中纯真美好的梦想。

此刻，新一届研究生支教团已经启航出征，瞄准"有温度、有意义"的目标，投身脱贫攻坚、助力乡村振兴的伟大事业，第十九年的故事，正在接力书写……

■ 北京航空航天大学大学生社会实践基地授牌仪式

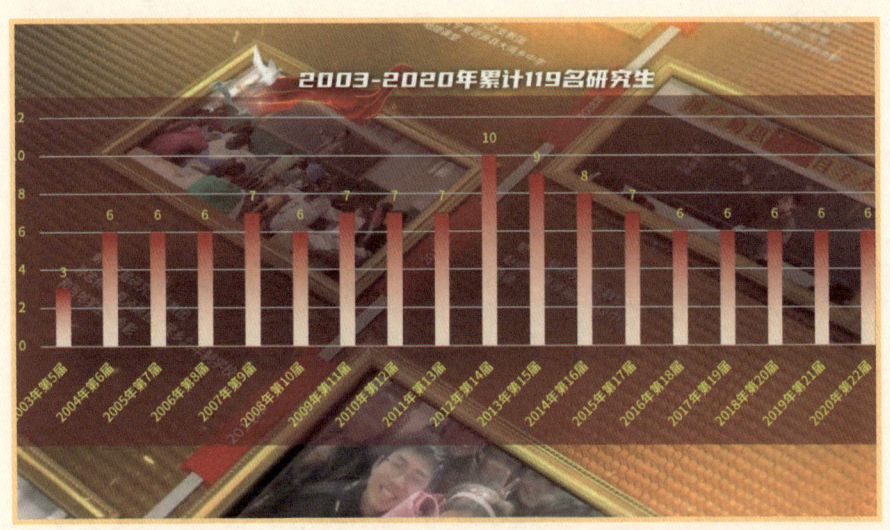

■ 北航历年研究生支教团在新民小学人数

第三章 · 实践探索

这项全国活动，首都高校学子展风采！
科创强国，有北航！

◆ 推送日期：2021年9月14日

9月11—17日，2021年全国科普日活动在全国各地启动。主题为"百年再出发，迈向高水平科技自立自强"。

■ 2021年全国科普日活动

9月13日，全国科普日北京主场活动在中国科学技术馆开展。北航大学生科技志愿服务队代表首都高校科技志愿服务总队参展，青年服务国家，科创强国有我！

2021年全国科普日，中国科技馆和北京

■ 北航大学生科技志愿服务队代表首都高校科技志愿服务总队参展

科学中心举办北京主场活动，包括"自立自强建新功""科普科创立伟业""生态文明创未来"三大板块的展示和"与公众面对面"科技志愿活动等，通过互动展品、实物模型、多媒体、图文展板等形式，展现党领导下的科学普及和科技创新工作发展历程。

首都高校科技志愿服务总队成立于2021年7月，秘书处设在北京航空航天大学，在中国科协科学技术普及部、北京市科学技术协会、共青团北京市委员会等单位的共同指导下开展工作，旨在充分整合首都高校科技志愿资源，打造专业化、常态化、定点化的科技志愿服务体系，为实现第二个百年奋斗目标和中华民族伟大复兴的中国梦贡献青年力量。

中共中央政治局委员、中宣部部长黄坤明，全国政协副主席、中国科协主席万钢，中央和国家机关有关部门及北京市负责同志参加北京主场活动。黄坤明、万钢等参观了首都高校科技志愿服务总队展区，并与北航参展师生代表亲切交流。

■ 首都高校科技志愿服务总队成立仪式

北航大学生科技志愿服务队队长、数学科学学院2019级博士生方泽华汇报了首都高校科技志愿服务总队成立以来专项活动的开展情况，并介绍了服务队特色项目"点亮科学梦想——面向乡村中小学的科创教育"的亮点和成效。

■ 北航大学生科技志愿服务队部分展品

据了解，三年来，北航大学生科技志愿服务队在山西省中阳县、临县开展科创教育超过1000小时，覆盖学生300余人，形成了约10万字的全套教学素材。

中国科普日活动启动前夕，中国科协党组书记、副主席、书记处第一书记张玉卓，副主席、书记处书记孟庆海等人参观了总队展区，与北航参展师生交流。

■ 张玉卓参观展区

■ 孟庆海参观展区

首都高校科技志愿服务总队

今年暑期,首都高校科技志愿服务总队立足北京"四个中心"功能建设和"青创北京"建设,为首都高校学子搭建实践成长平台,展现新时代北京青春风采,引领首都高校青年学子厚植家国情怀、练就过硬本领、与国家发展同频共振。

20所高校,96支队伍,1743名同学,覆盖184296人次。

首批20所高校为:北京大学、清华大学、中国人民大学、北京师范大学、北京科技大学、北京航空航天大学、北京理工大学、北京交通大学、北京邮电大学、中央民族大学、中国农业大学、中国地质大学(北京)、中国矿业大学(北京)、中国传媒大学、北京工业大学、首都师范大学、北方工业大学、首都医科大学、首都经济贸易大学、北京建筑大学。

走上课堂讲科普
依托中小学校、地方科技馆、博物馆,开展内容丰富、形式多样的科普课程,培养了青少年相信科学、热爱科学的意识,厚植青少年的家国情怀和社会责任感。

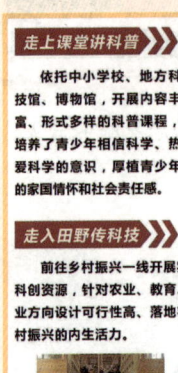
北京航空航天大学 大学生科技志愿服务队

走入田野传科技
前往乡村振兴一线开展实践调研,充分利用高校科技科创资源,针对农业、教育、环境、水利、医疗等诸多产业方向设计可行性高、落地容易的工作方案,助力激发乡村振兴的内生活力。

清华大学乡村振兴工作站赴江苏高淳支队

中国人民大学博士生服务团

走进基层话冬奥
针对冬奥中基础设施建设、绿色环保、智慧服务、转播技术以及人工智能等方面的科技成果,开展形式多样、生动活泼的宣讲实践和科技创新行动,推广冬奥文化。

北京师范大学"北师青年·冬奥有我"实践队

首都经贸大学"助力冬奥"服务队

■ 实践成长平台介绍

北航 科技志愿服务力量

■ 北航大学生科技志愿服务队合影

北航大学生科技志愿服务队成立于2018年,是北航定点帮扶计划重要组成部分,以"点亮科学梦想,培养爱国情怀,增长知识才干,担负时代使命"为初心,开展乡村中小学科创教育、助农产品直播宣传、脱贫攻坚成果调研、吕梁红色历史学习，用"聚科创、助振兴、悟脱贫、学党史"生动实践回答时代期望。

"中国飞天梦—科普万里行"实践队在中国科协科普部的指导下，途经嘉兴、南昌、遵义、广州、百色、延安、武汉、井冈山等42个中国共产党历史进程中的重要城市，通过一场场别开生面的互动式航空科普盛宴，为现场学生筑梦航天埋下赤诚火种，传承伟大建党精神，激发青少年树立航空航天报国的热情。

北航"传承之焰"支教团成立于2015年，是一支致力于改善农村教育、为偏远地区学生带来切实利益、以志愿公益为初衷的支教调研团队。今年暑期，实践队开展了"我想和你谱新篇"主题夏令营活动，以"线上+线下"新模式，覆盖山西、新疆、青海三地的500余名小学生，相关事迹受到人民网报道。

■ 志愿队在北航合影

■ "传承之焰"支教团与孩子们合影

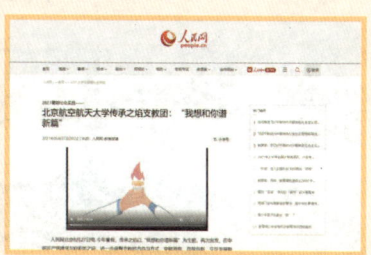
■ 人民网对"传承之焰"实践队报道

6200+北航学子用脚步丈量大地

在中国共产党成立100周年之际，北航着眼于国家重大战略需求和时代命题，充分发挥社会实践长效育人机制，以"百年薪火，青春芳华"为年度主题，"1-10-100-1000"为工作主线，组织开展暑期专项社会实践活动，引领北航学子在实践中学思践悟习近平总书记"七一"重要讲话精神，赓续红色血脉、锤炼过硬本领、践行时代责任。

全年共有1378支队伍、6200余名同学开展了党史学习、人物访谈、科普支教、行业调研等实践活动，深入基层，到艰苦环境中去、到乡村振兴一线去、到党和人民最需要的地方去，以社会为学校、以实践为教育，展现了青年学子使命与担当。

01 追忆百年 赓续红色血脉

北京学院"弦歌一堂"实践队在井冈山红色革命教育基地进行了为期6天的党史学习教育，通过"三湾改编"情景教学、急行军等活动，深切感悟"共产党的领导是革命事业成功的根本保证"的核心内涵，深刻领会中国共产党的初心——为中国人民谋幸福、为中华民族谋复兴。

■ "弦歌一堂"实践队

仪器科学与光电工程学院"仪光赤心"实践队走访6个省市的7个红色景点，采访两位优秀共产党员，采取了"同行一段路""寻访一颗心""点亮一束光""共上一堂课"等形式，回顾党的百年峥嵘历史，感悟共产党员的初心使命，在知行合一中探索党史学习教育的新模式。

■ "仪光赤心"实践队实践照片

02 奉献担当 助力乡村振兴

守锷书院"星源流明"实践队以"弘扬守锷精神，探路共同富裕"为主题，通过参演原创话剧《百年守锷》、开展小学科普课堂、进行南浔区线下实地考察和线上文献调研等一系列行动，潜心讲好北航建校元勋屠守锷的传奇故事，为乡村振兴建设和共同

■ "星源流明"实践队合影

富裕的探索之路贡献青年力量。

生物与医学工程学院"赤脚红心"实践队以聚焦新时代基层医疗发展为主题，16名成员走进山西吕梁市中阳县，在一周时间里实地走访考察了18个村落、27个基层医疗机构，与40余名基层医务人员进行了深入交流，调研了农村基层医疗卫生机构基本现状，努力探寻"共同富裕"框架下的基层医疗建设。

■ "赤脚红心"实践队合影

03 领航聚焦　深耕行业发展

能源与动力工程学院"心起点"实践队前往北京全四维动力科技有限公司、北京石墨烯技术研究院有限公司、中国航发贵州黎阳航空发动机有限公司、中国航发四川燃气涡轮研究院、中国航发哈尔滨东安发动机有限公司、中国航发湖南动力机械研究所、上海飞机制造有限公司进行参观座谈，撰写《航空制造业技术岗位应届毕业生招聘决策量表开发与模型建构研究》等多篇研究性报告。

■ "心起点"实践队在四维动力科技有限公司调研后合影

冯如书院"燃犀"实践队前往三线建设博物馆、宝鸡石油机械有限责任公司、宝鸡石油钢管有限责任公司、长乐塬抗战工业遗址、攀钢炼钢厂等地参观调研，并与中国信通院、工业互联网研究院开展座谈交流会，了解中国工业的过去、现在和未来。

■ "燃犀"实践队实地参观调研

04 多元发展 共谱时代新篇

■ "红楼寻梦"暑期社会实践队合影

■ "凌峰科考"实践队合影

■ "燃烧的雪花"实践队成果展示

士嘉书院"红楼寻梦"暑期社会实践队由一群喜欢《红楼梦》的大学生组成,通过开展丰富的实践活动,探讨红楼梦对当代社会、当代青年的价值与意义;在书中游观园之美、叹宝黛之情,寻红楼之美,号召大家阅读《红楼梦》,感悟美学,丰富精神生活,培养人文情怀。

外国语学院"凌峰科考"实践队针对消费升级和中国软实力与文化并行发展的时代大势、"一带一路"沿线的临沧茶文化的传承与创新、临沧茶背后红色精神的传承与发展,前往云南省临沧市及周围县区,开展了近半个月的实地调研活动。

"燃烧的雪花"实践队广泛采访调研冬奥会场馆工作人员、高校志愿者、冰雪特色学校师生等群体,并在疫情防控的背景下开展线上宣讲,挖掘身边有感染力、有深度、有温度的冬奥故事,为普及冬奥知识、讲好冬奥故事、传播冬奥理念贡献力量。

百年再出发,奋进新征程。北航学子在社会的广阔天地大显身手,在砥砺前行中激扬青春力量,在基层实践中把握时代脉搏,以行动谱写青年服务国家的华章,为青春力量点赞!

"志愿同心，聚力同行"我校2021年度十佳志愿者评选暨志愿服务表彰会成功举办

◆ 推送日期：2021年11月12日

2021年11月10日下午，为发展北航志愿服务事业，发挥志愿服务的思政引领作用，展示北航志愿者矢志公益的青春风采，北京航空航天大学2021年度十佳志愿者评选暨志愿服务表彰大会在新主楼第一报告厅举行。校党委副书记程波，宣传部、研究生工作部、校友联络发展处、校团委负责人与马克思主义学院优秀青年教师代表、往届十佳志愿者代表出席答辩会并担任评委，一同见证志愿精神在北航的接力传承。

活动回顾

大会在北航2021年度志愿服务回顾视频《我们》中拉开帷幕。

■ 志愿服务回顾视频《我们》部分截图

视频以"小我到大我"的思路展开。展示了作为北航志愿者的"我们"在过去的志愿服务中做出的努力与贡献,并表达了对参与北京2022年冬奥会和冬残奥会服务保障的向往。在志愿之路上,我们凝心聚力,携手同行。凡是祖国召唤之时,人民需要之地,都会有我们北航志愿者的身影。我们,是第十六届"挑战杯"热情好客的东道主,是国庆70周年庆祝活动中一丝不苟的护航者,是建党百年庆祝活动中奋楫前行的担当者……北航志愿者,始终在用切实的行动展现青年的责任担当,用奉献的青春响应时代的呼吁号召,不负国家与人民的期待。

视频的最后,往届十佳志愿者用自己的亲身经历与感悟阐述了个人对于志愿者大家庭的认识。作为个体的志愿者与志愿者大家庭,就像是滴水之于海洋的关系,互相成就,传递人间大爱。在志愿服务过程中,我们不一定相识,但或许相知。我们都在用爱浇灌爱,用信任交换信任。"以青春之名,赴时代之约"——这,就是"我们"。

评选答辩

17位候选人根据抽签顺序依次上台答辩。他们分别从日常志愿、重大活动、体会感悟等方面展示过去一年个人的志愿风采和闪光点。从这些优秀志愿者的讲述中,我们倾听他们的志愿故事,感受他们的志愿情怀。

■ 17位候选人进行答辩之一

■ 17位候选人进行答辩之二

第三章 · 实践探索

■ 吕子良进行答辩

来自自动化科学与电气工程学院的吕子良，参与了一系列国家重大活动的保障工作，曾用志愿服务献礼党的百年华诞和中华人民共和国成立70周年庆典，担起青年应负的责任使命；在疫情反复、国家需要的关键时刻，身体力行，志愿服务家乡群众。从北航到西部，他投身基层教育，作为策划骨干，参与组织了首都高校科技志愿服务总队成立仪式，接力第24届研究生支教团团长，在乡村振兴一线放飞青春理想，在祖国最需要的地方播撒"空天报国"的情怀。

■ 江浩林进行答辩

来自网络空间安全学院的江浩林，从志愿精神践行者、志愿活动组织者、志愿文化推广者三个不同角色讲述。作为北航12团队的一员，应用专业知识，助力延庆赛区冬奥测试活动；传播志愿理念，带动更多同学广泛参与。以奉献，扬青春。

来自飞行学院的符洋铭，作为庆祝中国共产党成立100周年大会合唱团的一员，在受伤后坚持训练，最终在"七一"当天以饱满的热情献唱，并在总结会议中接受习近平总书记接见，初心向党，无畏向前。

来自冯如书院的张宗正，在志愿感悟中，他分别从角色、

■ 符洋铭进行答辩

范围、性格、观念、看法和胸怀六大方面总结志愿工作带给自己的改变。因为热爱，所以坚持。在回答评委老师关于改进北航志愿服务的问题中，他借用朱子的话"大学者，大人之学也"，谈论了自己对大学的理解。

■ 张宗正进行答辩

经验分享

全部候选人完成答辩后，海淀区十大明星志愿者获评者张晓磊进行了经验分享。他从志愿者的角度，回顾志愿和支教经历，分享自己的初心选择与感悟收获。初心是热爱奉献，是与国同航，是实践担当。个人的发展，要始终与国家、民族的命运同向同行。我们是平凡的志愿者，亦是推动祖国脉搏跳动的参与者，伟大浪潮中的奉献者。这份责任与担当，应在时代发展中不断接力传承下去。

■ 张晓磊进行经验分享

诚挚寄语

校团委书记庄岩进行总结点评。首先，他肯定了北航志愿者在过去一年里的站位的提高，能够主动跟进党和国家的指示及时代的要求进行志愿服务。其次，赞扬了北航志愿者们工作方法的提升，敢于克服重重困难，在国家需要之处发光发热。最后，他分享了三点

■ 校团委书记庄岩讲话

共勉的努力方向：继续弘扬志愿精神，让志愿精神伴随我们的学习生活，以及未来职业生涯的每一天；提升志愿服务能力，打造更多帮助大家成长提升的环境，希望北航青年能够结合专业学习、学科发展和经验经历，创新志愿服务工作；勇敢承担志愿责任，引用习近平总书记的讲话，即青年一代要具备志气、骨气、勇气，不负时代。

颁奖授誉

评委通过候选人材料及答辩表现进行现场打分评审，最终吕子良等10名同学获评"北京航空航天大学2021年度十佳志愿者"荣誉称号。同时，为树立榜样、表彰先进，在2021年度志愿服务评奖表彰工作中，经单位推荐、个人自荐、材料审核、评选答辩等多个环节，最终评选出优秀志愿者305名、优秀志愿服务项目10项、十佳志愿者10名。在大会现场，与会领导嘉宾为获奖同学代表颁奖，并合影留念。

序号	推荐单位	姓名
1	自动化科学与电气工程学院	吕子良
2	经济管理学院	杨洋
3	宇航学院	夏侯超
4	飞行学院	符洋铭
5	法学院	刘洋岐
6	软件学院	王泽滢
7	国际通用工程学院	王宇阳
8	网络空间安全学院	江浩林
9	冯如书院	张宗正
10	知行书院	刘奕辰

■ 2021年度十佳志愿者

序号	推荐单位	项目名称
1	材料科学与工程学院	传承之焰支教活动
2	自动化科学与电气工程学院	蓝天之梯支教队暑期支教活动
3	自动化科学与电气工程学院	笔墨守望&柠檬汽水
4	航空科学与工程学院	北京航空航天博物馆志愿讲解
5	可靠性与系统工程学院	育暖航行支教项目
6	宇航学院	小小彩虹梦
7	飞行学院	中国飞天梦·科普万里行
8	网络空间安全学院	网络空间安全宣讲团
9	北京航空航天大学志愿者联合会	"相约北京"系列测试活动
10	蓝天志愿者协会	"12·5志愿者日"系列活动

■ 2021年度优秀志愿服务项目

■ 校友联络发展处副处长颜江芬为2021年度优秀志愿者代表颁奖

■ 宣传部副部长余敏为2021年度优秀志愿者代表颁奖

■ 校团委书记庄岩为2021年度优秀志愿项目负责人颁奖

■ 校党委副书记程波为2021年度十佳志愿者颁奖

第三章·实践探索

■ 评委嘉宾与得奖同学合影

如今，站在这个崭新的时间节点，北航志愿者将继续践行"奉献、友爱、互助、进步"的志愿者精神，在北京2022年冬奥会和冬残奥会中点燃青春梦想，用真心和温暖接力书写新时代北航青年故事。

第四章 双创引领

首届颁奖！全国仅10名，2位北航人获此殊荣！厉害了！

◆ 推送日期：2019年10月18日

又是喜报！

两位年轻的北航校友获得第一届创新创业英才奖。全国仅10人，每人奖金50万元。

快和小萱一起去看看。

10月15日下午，第一届教学大师奖、杰出教学奖、创新创业英才奖颁奖典礼在浙江大学求是大讲堂举行，经前期推荐和评选，我校校友陈震、李琛获得创新创业英才奖。

■ 颁奖现场，左二为陈震，左四为李琛

该奖项由中国教师发展基金会与陈一丹慈善公益基金合作并资助，主要表彰创新创业成绩突出的大学生，每年评选一次、奖励10人，以资助或支持创业形式每人奖励50万元。

全国仅10位，2人来自北航！他们是谁？

李琛为我校计算机学院2007级校友，其所在团队"Unicorn无人直升机系统"在首届"互联网+"大学生创新创业大赛中获大赛金奖、全国冠军。李琛参与创立的天峤创新（北京）科技有限公司，具有全自主研发的直升机、多旋翼和固定翼三个产品系列，以及配套载荷设备、软件支持系统。现任职保利科技防务投资有限公司。

陈震为我校计算机学院2011级校友，从大二开始就钻研特种机器

■ 天峤公司创始人兼CEO李琛

第四章·双创引领

■ 天峋无人机

人和无人机的机载视觉系统。其项目"ULBrain机器人视觉解决方法"在第三届中国"互联网+"大学生创新创业大赛中获大赛金奖、全国亚军，现为速感科技有限公司CEO。

陈震曾获评2017年度福布斯中国30岁以下青年精英（榜单中最年

■ 速感科技有限公司 CEO 陈震

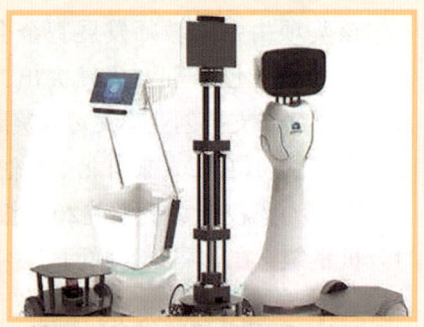

■ 速感科技产品

轻获选人），2017年度中关村高端领军人才，第三届中国恰佩克杰出创业青年奖，2017年中国财经峰会最佳青年榜样等荣誉。

抓住机遇、迎接挑战。在创新创业的前进道路上，北航人有所追求、勇于突破！

北航将举办这个全国大学生"奥林匹克"盛会，决赛日程先睹为快！

◆ 推送日期：2019年11月4日

再有3天，全国300多所高校，近5000名师生即将云集北航，只为一场当代大学生科技创新的"奥林匹克"盛会。

11月7—13日，第十六届"挑战杯"北航投全国大学生课外学术科技作品竞赛决赛，将在北航举办！

根据第十五届"挑战杯"竞赛全国组委会决定，第十六届"挑战杯"竞赛由北京航空航天大学承办，已于2019年6月上旬开始报送作品，11月7—13日，第十六届"挑战杯"竞赛终审决赛将在北航举行。

"挑战杯"竞赛被视作全国大学生课外学术科技作品的最高荣誉殿堂。

■ 第十六届"挑战杯"北航投全国大学生课外学术科技作品竞赛海报

■ 北航主楼

"挑战杯"北航投全国大学生课外学术科技作品竞赛（以下简称"'挑战杯'竞赛"）是由共青团中央、中国科学技术协会、教育部、中国社会科学院、全国学联和地方政府共同主办，国内著名大学、新闻媒体联合发起的一项具有导向性、示范性和群众性的全国竞赛活动。

自1989年举办首届竞赛以来，"挑战杯"竞赛始终坚持"崇尚科学、追求真知、勤奋学习、锐意创新、迎接挑战"的宗旨，在促进青年创新人才成长、深化高校素质教育、推动经济社会发展等方面发挥了积极作用，在广大高校乃至社会上产生了广泛而良好的影响，被誉为当代大学生科技创新的"奥林匹克"盛会。

接下来，小萱为你独家揭秘本届"挑战杯"竞赛。

口号：挑战筑梦，科创报国

会徽

将竞赛30周年与云和纸飞机的轨迹同构，寓意竞赛再出发、再创新辉煌，代表青年大学生群体在新时代奋发向上、勇于创新的理念。

云：祥云简化标志，寓意青年大学生科技创新的新高度；与纸飞机飞行轨迹融合，寓意青年大学生科技创新取得新突破。以红色色调

为基础，寓意朝阳，代表青年大学生的热情活泼和积极向上，契合国庆70周年的主色调。

纸飞机：航空航天特色标志，寓意青年大学生的时代梦想和青春活力，也是北航2009年第十一届"挑战杯"竞赛标志的延续（当届竞赛标志为5架纸飞机）。以蓝色色调

为基础，寓意未来，代表青年大学生的沉稳冷静和执着追求，契合航空航天主色调。

会歌

《天空的追梦人》

时光匆匆　走过春夏和秋冬

初心和一腔热血在滚动

蔚蓝苍穹　变换云雨和彩虹

每一寸都牵动着少年的梦

图书馆中　教室前后和左右

每一刻都有拼搏的影踪

深夜的灯　拂过校园的微风

每个年轻的身影写下感动

我仰望星空

仰望无数航行者的梦

身在人海中　心在云海中

看见一个属于明天的笑容

来吧　别再惧怕

暴雨狂风

积蓄着砥砺着呼唤着的梦

心向天空　使命峥嵘

冲破云雾　方见彩虹

变幻莫测的激流中

奔跑着追逐着怒放着的梦

台上一分钟　台下十年功

只为胸中那一抹红

键盘声声　屏幕上　千横万纵

自己的艰难困苦自己能懂

一朝功成　回首望　每一秒钟

诠释着新的梦想紧握手中

我仰望星空

仰望每个无怨无悔的梦
纵困难千百种　失败又接踵
义无反顾　面对挑战的飓风
来吧　别再惧怕
暴雨狂风
积蓄着砥砺着呼唤着的梦
心向天空　使命峥嵘
冲破云雾　方见彩虹
变幻莫测的激流中
奔跑着追逐着怒放着的梦
台上一分钟　台下十年功
只为胸中那一抹红
滚烫的热血在流动
回响着鼓动着燃烧着的梦
路有多长　担有多重
战胜自己　才是英雄
天生我材必有用
自信的奋进的不服输的梦
在欢呼声中攀上最高峰
迎接挑战就是成功

第十六届"挑战杯"竞赛 终审决赛日程安排

11月7日			
时间	内容	参加人员	地点
全天	报到	与会人员	北航新主楼会议中心大厅及各入住酒店
11月8日			
时间	内容	参加人员	地点
全天	布展	与会人员	北航新主楼二层环廊（理）、体育馆副馆（文）
09:40	高端学术报告会	知名学者、部分与会人员	北航晨兴音乐厅
15:00	各省级代表团秘书长、领队会议	各省级代表团秘书长、参赛高校副领队	北航新主楼第一报告厅
11月9日			
时间	内容	参加人员	地点
上午	布展	与会人员	北航新主楼二层环廊（理）、体育馆副馆（文）
下午	作品展	与会人员	北航新主楼二层环廊（理）、体育馆副馆（文）
14:30	组委会第三次全体会议	组委会成员，省级团委分管副书记、学校部主要负责同志	北航新主楼第一报告厅
19:30	开幕式	与会人员	北航体育馆
11月10日			
时间	内容	参加人员	地点
全天	封闭展示	评委参赛学生	北航新主楼二层环廊（理）、体育馆副馆（文）

第四章·双创引领

（续表）

11月11日			
时间	内容	参加人员	地点
09:00	共青团服务大学生科技创新座谈会	省级团委分管副书记、学校部主要负责同志、入围终审决赛高校团委书记	北京丽亭华苑酒店鸿运厅
全天	公开答辩	评委参赛学生	北航新主楼一、二层教室

11月12日			
时间	内容	参加人员	地点
全天	作品展	与会人员	北航新主楼二层环廊（理）、体育馆副馆（文）
14:30	"挑战杯"沙龙活动	往届竞赛获奖者、部分与会人员	北航新主楼第一报告厅
19:30	闭幕式	与会人员	北航体育馆

注：在可以进入的指定时段，会务系统申报并确认的与会人员均可进入布展场地。

盛事将至，千里逢迎，高朋满座。北航师生将以饱满的热情迎接来自五湖四海的参赛师生。

■ 北航新主楼

温馨提示

老师们、同学们：

由共青团中央、中国科协、教育部、中国社科院、全国学联、北京市人民政府共同主办，由我校承办的第十六届"挑战杯"全国大学生课外学术科技作品竞赛，将于11月7日（星期四）至13日（星期三）在我校学院路校区举办。届时，将有全国300多所高校近5000名师生来到北航参加赛事。由于赛事规模大、参赛人员多，为提高办赛质量，学校向全体师生员工发出如下温馨提示：

一、发扬主人翁精神，履行东道主责任，对校外来宾热心帮助、文明礼让，体现北航人昂扬向上的精神风貌。

二、赛事期间，家住校外的师生优先考虑公共交通出行。驾车来校的师生尽量将机动车停放至北区地库B3、B4层，或南区新主楼地库。

三、赛事期间，学院路校区食堂每天中午11:30-12:30人流密集，较为拥挤，请广大师生谅解并合理错峰。所有食堂营业时间将延长30分钟。

■ 北航绿园秋色 摄影/尹姜旭珊

四、新主楼一层、二层教室和体育馆为竞赛场地，将采取必要的安保和限流措施，请广大师生提前做好路线规划。

有朋自远方来，不亦乐乎。让我们携起手来、共同努力，以一流的办赛服务为八方来宾创造优质体验，共同创造一届温暖和谐、精彩难忘的"挑战杯"赛事。

北京航空航天大学
2019年11月1日

全校上下 齐心协力，这届"挑战杯"竞赛，一定不负你的期待。

今天，我们正处于一个伟大的新时代，时代呼唤青年、塑造青年、成就青年，青年感知时代、融入时代、推动时代。"挑战杯"不仅是鼓励青年学生展示青春理想的筑梦之旅，也是引导青年学生将人生价值融入国家需要的坚定回应。

"挑战杯"竞赛不忘初心、牢记使命，持续激发青年大学生创新活力，坚定大学生报国理想信念，引领广大青年大学生把激昂的青春梦融入中国梦，为中华民族伟大复兴贡献青春创新力量！

2019"挑战杯"北航，等你来！

今夜，决赛开幕！向着"挑战杯"，出发！

◆ 推送日期：2019年11月9日

■ 火箭发射的开幕式现场

"5，4，3，2，1，点火！"

零号指挥员崔吉俊发出指令，"科创号"火箭"点燃飞天"。一场科技创新的筑梦旅程，盛大开启。

用火箭发射的方式开幕，零号指挥员、执飞航天员都在现场。智能机械臂与人共舞，数百所高校的校旗高高飘扬。这一切，都发生在第十六届"挑战杯"北航投全国大学生课外学术科技作品竞赛，终审决赛开幕式的现场。

第十六届"挑战杯"竞赛开幕式

11月9日19:30，北航学院路校区体育馆，星空浩渺的舞台下，3000余人齐聚一堂。

■ 第十六届"挑战杯"竞赛开幕式现场

第十六届"挑战杯"北航投全国大学生课外学术科技作品竞赛由共青团中央、中国科协、教育部、中国社会科学院、全国学联和北京市人民政府共同主办，北京航空航天大学承办。

团中央书记处第一书记贺军科，工信部副部长王志军，中国科协党组副书记、副主席、书记处书记徐延豪，中国社会科学院副院长、党组成员蔡昉，北京市人民政府副市长张家明，时任北京航空航天大学党委书记曹淑敏，团中央书记处书记傅振邦，全国学联主席王圣博，教育部等相关部委代表，竞赛合作方代表以及其他相关负责人出席。"挑战杯"竞赛全国组委会、评委会成员，北京市有关负责人，各省级团委、各高校师生代表，港澳高校师生3000余人参加了开幕式。开幕式仪式由时任北京航空航天大学校长徐惠彬主持。

 开　场

序幕拉开，台下是五湖四海青年学子，台上是青春昂扬动人旋律，乐声嘹亮，动人心弦。

■ 北航学生交响乐团与人大附中交响乐团共同演奏交响乐《青春》

一曲《青春》毕，庄严国歌起，五星红旗冉冉升起，全场齐唱国歌。

■ 中央电视台主持人何岩柯，第十一届"挑战杯"一等奖获得者、北航校友邢弼家主持开幕式

■ 全场齐唱国歌

仪 式

共青团中央书记处第一书记贺军科讲话

时任工信部副部长、党组成员王志军致辞

中国科协党组副书记、副主席、书记处书记徐延豪致辞

时任中国社会科学院副院长、党组成员蔡昉致辞

时任北京市副市长、市政府党组成员张家明致辞

时任北航党委书记曹淑敏代表承办单位致欢迎辞

时任北航校长徐惠彬主持开幕式仪式

演 出

　　接下来的开幕式文艺演出，青春力澎湃、科技感十足，航空航天元素贯穿始终。这是创新的起点，也是拼搏的舞台，唯创新者进，唯创新者强，唯创新者胜，让我们回到梦开始的地方，孩童种下一颗梦想的种子，在创新的沃土上生根发芽。

　　懵懂的少年追逐梦想，逐梦的种子拼搏向上，机械臂与少年的共舞，奏响了追梦的序曲——"你好，挑战者"。

■ 科技创新节目《梦的种子》展现了新时代学子播种梦想，逐梦成长的心路历程

　　逐梦少年，立志挑战，仰望星空，突破天际，将梦想播撒入希望的苍穹。

 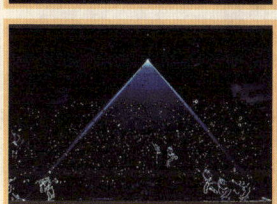 

■ 北航学生艺术团带来舞蹈《筑梦苍穹》

　　飞天的梦想在拼搏中变为写在太空的现实。执行"神舟九号"任务的航天员刘旺，现场讲述载人航天精神，寄语青年学子。

■ 航天员刘旺在现场，刘旺为北航博士

"青春，是用来奋斗的""科创报国，青春勇担当！"青年们意气风发，深情歌咏属于挑战者的荣光。

征程无止息，与国共奋进，青春因挑战而绚烂无边。

■ 北航学生主持团、话剧团、踢踏舞团带来情景朗诵《青春是用来奋斗的》

■ 神舟飞船首任总设计师、北京航空航天大学首届毕业生戚发轫寄语当代学子

要有梦想、要创新、要实干，这是历史赋予我们年轻人的任务，也是挑战，希望我们不仅在"挑战杯"中取得好成绩，也能够在中华民族伟大复兴的挑战当中，面对挑战、敢于挑战、赢得挑战。

——神州飞船首任总设计师、北京航空航天大学首届毕业生戚发轫寄语当代学子

青春之箭已矗立，挑战的脚步蓄势待发。"10、9、8……3、2、1，点火！"随着"神一"至"神十"发射零号指挥员崔吉俊少将的倒计时指令，"科创号"火箭"点燃飞天"，梦想腾空，挑战的大幕徐徐拉开。

■ 特邀嘉宾、零号指挥员、酒泉卫星发射中心原司令员崔吉俊喊出倒计时

特邀嘉宾、零号指挥员、酒泉卫星发射中心原司令员崔吉俊喊出倒计时。崔吉俊少将是1980年飞向太平洋我国首枚远程运载火箭的点火操纵手，主持领导了"神舟一号"至"神舟十号"的发射工作，获得国家科技进步特等

奖。他长期从事航天试验工程技术和技术管理工作，曾任中国载人航天工程发射场系统总指挥、酒泉卫星发射中心司令员。

第十六届"挑战杯"主题logo在舞台大屏幕中闪亮定格。本届"挑战杯"竞赛终审决赛，正式启动！

天空的追梦人，唱响青春挑战的旋律，200余所高校校旗飘扬空中，意气风发、仰望星空，为所有参赛学子送上祝福。

青年们志同道合，跟随新时代的步伐不断前行，挑战未来，携手并肩，全场合唱《我和我的祖国》，开幕式圆满落幕。

体育馆内是炫酷舞台、超燃表演，体育馆外，一场绚丽的"挑战杯"主题，校园灯光秀正在上演。

■ 贺军科、王志军、徐延豪、蔡昉、张家明、曹淑敏、王圣博共同按下赛事启动键

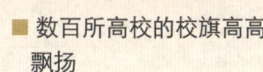

■ 国庆70周年广场联欢千人合唱团清华大学、北京大学、中国人民大学、北京航空航天大学、中国农业大学、中国政法大学、北京物资学院的学生代表唱响本届挑战杯的主题歌《天空的追梦人》

■ 数百所高校的校旗高高飘扬

■ 国庆70周年庆祝大会合唱团、国庆70周年联欢活动千人合唱团北航全体参演人员带领全场高唱《我和我的祖国》

■ 北航体育馆外，炫酷的灯光秀表演

　　祝愿全体参赛学子在本届"挑战杯"科技盛会中，励志创新，逐梦前行，在挑战中点燃梦想，用科技创新成就未来。

刚刚，北航再捧"挑战杯"，赛事最高荣誉！6个项目全获特等奖！

◆ 推送日期：2019年11月12日

激动！振奋！第十六届全国"挑战杯"闭幕式上，北京航空航天大学捧得最高荣誉"挑战杯"！

■ 第十六届"挑战杯"竞赛最高荣誉"挑战杯"

■ 颁奖仪式上，北京航空航天大学（中）、清华大学（右）共同捧得"挑战杯"

继2009年后，北航再度捧起最高荣誉"挑战杯"，也刷新了自己保持的纪录，成为在全国"挑战杯"竞赛中，唯一连续16届捧得"优胜杯"的高校！

为北航点赞喝彩！

■ 第一届到第十五届北航获奖奖杯合影

赛情速递

11月12日晚，第十六届"挑战杯"北航投全国大学生课外学术科技作品竞赛决赛举行。北京航空航天大学以6项特等奖，清华大学以5项特等奖、1项一等奖的成绩共同捧得最高荣誉"挑战杯"。北京航空航天大学共获得700分，团体总分位列第一。

热烈祝贺北航获得特等奖的六个项目！

项目名称	第一作者	其他作者	指导教师	学院
基于电场操控的抗消磁反铁磁存储芯片器件	闫 晗	王小宁	刘知琪	材料学院
Mcontroller跨维度机器人运动控制系统	潘佳义	刘雨鑫 石 伟	张 军	电子学院
基于低阻复合式气动布局的垂直起降高速飞行平台	李盛喆	韩 睿 马元一 夏雨辰	王耀坤	航空学院
建设生态文明背景下的电力行业效率改进与减排优化研究	谢 俊	梁 壮 潘睿之	朱 磊	经管学院
三维回转模拟微重力效应在线剪切体外细胞培养系统的构建	何 源	田 昊 冯光宇 岑少锋	杨 肖	生医学院
镓基液态金属表面结构和多场调控理化性质的研究及应用	王宇晴	李亚琦 张靖伟 杜坤榕	杜 轶	物理学院

短短3天的决赛赛程，汇集了当代中国大学生最新潮最硬核的创新思维和科研成果，闭幕式现场有哪些精彩纷呈？

■ 闭幕式现场

小萱带你去看——第十六届"挑战杯"竞赛闭幕式。

11月12日19:30，北京航空航天大学学院路校区体育馆荣耀汇聚，万众瞩目，2500余人齐聚现场。

第十六届"挑战杯"北航投全国大

■ 北航青年教师赵圆、中央电视台主持人宝晓峰主持闭幕式

■ 全场人员齐唱国歌

学生课外学术科技作品竞赛由共青团中央、中国科协、教育部、中国社会科学院、全国学联和北京市人民政府共同主办，北京航空航天大学承办。

共青团中央书记处书记傅振

■ 北航党委副书记赵罡致辞

■ 竞赛评审委员会主任袁亚湘院士讲话

■ 竞赛组委会副主任兼秘书长、共青团中央青年发展部副部长尹冼同志代表主办单位致辞

邦，本届竞赛评审委员会主任袁亚湘院士，中国青年创业就业基金会党委书记、理事长裴桓，中国光华科技基金会党委副书记、秘书长石新明，共青团中央青年发展部副部长尹冼，团北京市委书记熊卓，团四川省委书记张荣，清华大学党委副书记过勇，北京航空航天大学党

委副书记赵罡，四川大学党委副书记郭勇等出席闭幕式。主办、承办单位的相关负责同志，"挑战杯"竞赛全国评委会成员，北京市有关单位负责同志，各省级团委、参赛高校的负责同志与师生代表，港澳高校师生等2500余人参加闭幕式。

万众瞩目、激动人心，马上进入颁奖环节！

颁奖环节

终审决赛期间，来自科研院所、研究机构、高新企业等领域的100余名专家评委从内地作品中，评出了35件特等奖作品、105件一等奖作品、286件二等奖作品；从港澳地区作品中，评出了3件一等奖作品、8件二等奖作品、10件三等奖作品。为鼓励持续创新和作品孵化，本届竞赛还评出累进创新奖作品14件。为增强赛事的参与度，竞赛还评出省级优秀组织13个，省级进步显著奖5个，校级进步显著奖11个。上海交通大学等44所高校获得本届赛事"优胜杯"。北京航空航天大学、清华大学获得本届赛事最高荣誉"挑战杯"。

累进创新奖	特殊贡献奖

■ 第六届"挑战杯"一等奖获得者吴法源、第十一届"挑战杯"一等奖获奖者孟繁荣为获奖代表颁发"累进创新奖"	■ 团北京市委副书记郭文杰为赛事赞助企业北航投资股份有限公司颁发"特殊贡献奖"

进步显著奖

■ 中国光华科技基金会党委副书记、秘书长石新明为获奖代表颁发"进步显著奖"

省级优秀组织奖

■ 中国青年创业就业基金会党委书记、理事长裴桓为获奖代表颁发"省级优秀组织奖"

优胜杯

■ 竞赛组委会副主任兼秘书长、共青团中央青年发展部副部长尹冼,第一届"挑战杯"一等奖获得者刘闯为团体总分第2名至第21名的获奖高校颁发"优胜杯"

■ 中国科协青少年科技中心副主任刘会强,中国社会科学院直属机关党委副书记、纪委书记王晓霞为团体总分第22名至第41名的获奖高校颁发"优胜杯"

特等奖

■ 本届竞赛评审委员会主任、中国国科学院袁亚湘院士、团北京市委书记熊卓、团四川省委书记张荣为理科获奖作品第一作者颁发特等奖

■ 颁奖嘉宾为文科获奖作品第一作者颁发特等奖

挑战杯

本届赛事的终极归属——挑战杯，两年一次的终极挑战，由北京航空航天大学和清华大学共同捧得。

拼搏的青春最耀眼！闭幕式上也有精彩纷呈的歌舞表演。

■ 共青团中央书记处书记傅振邦为北京航空航天大学（中）和清华大学（右）颁发"挑战杯"奖杯

■ 国庆70周年联欢活动千人合唱团北航全体参演者演唱

■ 北航学生舞蹈团表演歌曲联唱《领航青春》

■ 北航学生舞蹈团表演《追梦者》

■ 歌舞《我不负青春》

■ 北航创业校友代表艾文君演唱《祖国不会忘记》

■ 北航学生行进管乐团表演

会旗交接

在第十六届"挑战杯"竞赛全国组委会第三次全体会议上，经组委会表决，四川大学全票通过成为2021年第十七届"挑战杯"竞赛承办高校。

■ 共青团中央书记处书记傅振邦、北航党委副书记赵罡向四川大学党委副书记郭勇交接"挑战杯"会旗

青春的脉搏驱动着创新之轮，期待再续光荣，青春再次起航！

团体第一，首次捧杯！
这项双创赛事，北航学子传来喜报！

◆ 推送日期：2020年9月15日

日前，习近平总书记主持召开科学家座谈会，强调加强创新人才教育培养，注重培养学生创新意识和创新能力。

在北京航空航天大学，创新创业能力已经成为北航人才培养的新名片。这在这几个科创赛场上，频频传来好消息！

■ 北航新主楼俯瞰图

"挑战杯"首都大学生创业计划竞赛

日前，2020年"挑战杯"首都大学生创业计划竞赛落下帷幕。我校共选出15项作品参赛，获得8项金奖、6项银奖、1项铜奖，以团体总分第一名的成绩，首次获得该赛事最高荣誉。

这是我校获得2019年首都"挑战杯"课外学术科技作品竞赛、第十六届全国"挑战杯"竞赛最高荣誉后，在青年

■ Alight—混合现实投影交互平台

大学生创新创业高水平竞赛中实现"三连冠"！其中，Alight-混合现实投影交互平台，还在2020年中国国际服务贸易交易会亮相中关村软件园展区，尽显北航学子科创风采。

本届竞赛由团市委、市教委、市科委、市科协、市青联、市学联联合主办，旨在引导和激励首都青年学生弘扬时代精神，把握时代脉搏，通过开展广泛的社会实践、深刻的社会观察，不断增强对国情社情的了解，将所学知识与经济社会发展紧密结合，激发青年学生创业创新的热情，提高创新、创意、创造、创业的意识能力，为决胜全面建成小康社会、建设社会主义现代化强国、实现中华民族伟大复兴的中国梦贡献青春力量。

竞赛自今年7月启动以来，共有首都80余所高校总计800余项优秀作品参赛，作品涵盖科技创新和未来产业、乡村振兴和脱贫攻坚、城市治理和社会服务、生态环保和可持续发展、文化创意和区域合作五大类，经过两个月的紧张评选，共评选出金奖64项，银奖176项，铜奖240项。

我校通过筛选"冯如杯"竞赛优秀获奖项目、致真大厦创新创业基地入驻项目、高水平研究生创新创业项目等，经过多轮次的选拔、培育、答辩，在近百项作品中确定15项参赛作品，最终15项作品全部获奖。

一起看看这些脱颖而出的北航作品。

序号	项目名	学院	第一作者	指导教师	奖项
1	深光Alight 新一代AR桌面计算机	软件学院	冯翀	王海泉、徐东	金奖
2	小软教育机器人	网络空间安全学院	智强	王俊	金奖
3	"伏翼"可自由起降的吸附式微型固定翼无人机	航空科学与工程学院	葛云松	胡天翔、屈秋林	金奖
4	（ISET）机器人辅助农业智能化生产产业链	机械工程与自动化学院	蒋布辉	王田苗、侯涛刚	金奖
5	航弈生物科技—基于脑机接口的脑卒中康复外骨骼	自动化科学与电气工程学院	潘康	郭玉柱	金奖

（续表）

6	MedShine医疗科技—新型选频内窥镜光源的研制	生物与医学工程学院	索艳莉	岳蜀华	金奖
7	智安云—信息时代传染病分析预测与风险研判平台	计算机学院	石浤潞	王静远	金奖
8	灵翼科技—无人机多光谱遥感水体数字化检测	航空科学与工程学院	何冬雨	文东升、张俊	金奖
9	声讯科技全域声场重建及生源定位系统	自动化科学与电气工程学院	流星雨	赵龙飞	银奖
10	零悟科技——雷达智能感知技术及应用	高等理工学院	梁怀远	王向荣、曹先彬	银奖
11	航智农联——乡村电商产销运链条连接方案	生物与医学工程学院	何源	赵圆	银奖
12	aCutout抠像大师——基于深度学习的智能抠像软件	软件学院	邓坤权	王海泉	银奖
13	悦动乐译——高校翻译平台全国推广	外国语学院	高铭鞠	刘威	银奖
14	Deepfake-killer：AI换脸智能检测系统	计算机学院	赵博	冷彪	铜奖
15	声形科技—同轴液滴包裹超声生成平台	能源与动力工程学院	国林	富庆飞	铜奖

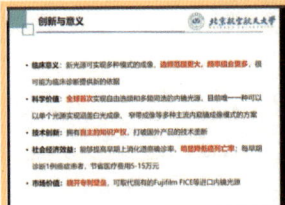

■ MedShine 医疗科技—新型选频内窥镜光源的研制

■ 智安云—信息时代传染病分析预测与风险研判平台

■ 小软教育机器人

■ 深光 Alight—新一代AR桌面计算机

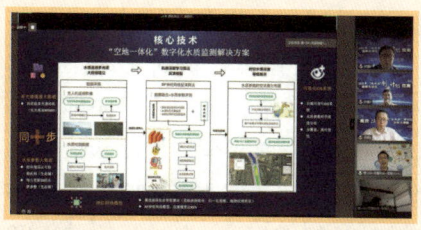
■ 灵翼科技—无人机多光谱遥感水体数字化监测

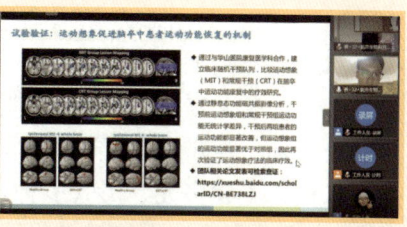
■ 航弈生物科技—基于脑机接口的脑卒中康复外骨骼

■ (ISET) 机器人辅助农业智能化生产产业链

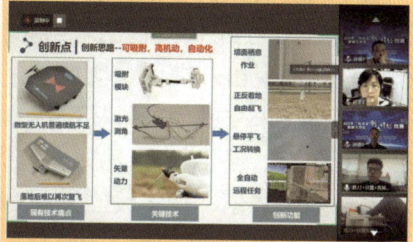
■ "伏翼"可自由起降的吸附式微型固定翼无人机

以上优秀的创新创业获奖项目，都经过校内竞赛选拔和培育。这项比赛就是北航声誉最高、参与度最高、作品水平最高的科创竞赛——"冯如杯"。

今年，"冯如杯"已走过30年，共有超过8万名学生参赛，累计作品4万余项。三十年来，参加"冯如杯"已经成为北航学子创新创业的必经之路，在刚刚毕业的2016级本科生中，参加过"冯如杯"竞赛的学生比例超过90%。

第30届"冯如杯"

作为北航学生科技活动的品牌竞赛，"冯如杯"竞赛强化科研实践训练，紧密结合一体化本科生培养体系，全力推进具有"科学基础、人

■ 北航校园中的冯如像

文素养、工程能力、协调发展"特征的拔尖创新人才培养机制。

第30届"冯如杯"竞赛沿用"一杯三赛"制度，同时举办"冯如杯"学生创意大赛、"冯如杯"学生学术科技作品竞赛和"冯如杯"学生创业大赛，并开展了"节能减排"专项竞赛。竞赛全云端展示，展品来源多样、主题多元、形式多种。全网络评审，实现2959项作品网络评审，713项作品直播答辩，累计答辩时长超过100个小时，超过1500名学生参与在线答辩，与评委互动交流。

本次"冯如杯"竞赛采用云上展览的形式，诸多优秀作品尽在"云端"！北航学子不仅发扬创新创业的优良传统，更是心怀家国，关注疫情防控，涌现出一批优秀项目。

期待在未来的"冯如杯"中，能有更多的北航学子收获成长。新竞赛、新起点、新贡献，"冯如杯"竞赛将广泛邀请行业企业参与、鼓励和引导师生共创、探索设立专项赛道，实现面向本科生"全覆盖"，为人才培养做出重要贡献！

创新创业：北航人才培养名片

在多年创新创业实践中，北航涌现出了一大批优秀学子，他们大多从"冯如杯"走出，在各大顶尖创新创业竞赛中取得优异成绩。

工信双创奖学金，创新创业英才奖，青少年科技创新领域最高荣誉……

■ 2019年11月12日，第十六届"挑战杯"北航投全国大学生课外学术科技作品竞赛决赛举行，北航以团体总分第一捧得最高荣誉"挑战杯"

■ 2017年4月25日，创业团队"手语识别臂环"获联合国"极·致未来"挑战赛冠军

■ 2016年8月，北航学生航模队获评"小平科技创新团队"

■ 2018年8月，化学学院2014级本科生苗伟宁获评"青少年科技创新奖"

■ 2018年6月，北航在2017年度工信创新创业奖学金评选中荣获4项特等奖

■ 2019年10月，我校校友陈震、李琛获得第一届创新创业英才奖（左二为陈震，左四为李琛）

还有入选福布斯中国30岁以下精英榜的他们。

■ 杨健勃

■ 陈震

■ 张甜甜

■ 崔超

■ 翟宇佳

■ 王晓波

第四章·双创引领

■ 邰鑫来　　　■ 姜悦音　　　■ 汪海涛

从左至右、从上至下分别为北航2009级本科校友杨健勃、2011级本科校友陈震、2007级本科校友张甜甜、2006级本科校友崔超、2006级本科校友翟宇佳、2010级本科校友王晓波、2013级本科校友邰鑫来、2009级本科校友姜悦音、2014级本科校友汪海涛。

央视《新闻联播》等重点电视节目，多次报道北航学子创新创业团队。

■ 2017年5月20日，CCTV《新闻周刊》专题报道：手语识别团队王娜娜、黄爽
■ 2018年3月22日，杨健勃携细胞机器人接受央视《新闻联播》采访

为党育人，为国育才，培养一批批具有创新意识和创新能力的学子。北航，一直在路上。

国家示范！入选！北京航空航天大学！

◆ 推送日期：2021年1月13日

今天，小萱带来一个好消息！近日，国务院办公厅公布了第三批大众创业、万众创新示范基地名单，北京航空航天大学成功入选！

大众创业 万众创新示范基地

大众创业 万众创新示范基地建设是由国务院批准，贯彻落实《政府工作报告》，深化教育、科技体制改革，把人才优势和科技优势转化为产业优势和经济优势，促进科技成果转化的重要举措，是创新创业领域的国家级最高级别基地。

国务院办公厅关于建设第三批大众创业万众创新示范基地的通知

国办发〔2020〕51号

各省、自治区、直辖市人民政府，国务院各部委、各直属机构：

为贯彻落实《政府工作报告》部署，更好发挥大众创业万众创新示范基地对促改革、稳就业、强动能的带动作用，进一步推动大众创业万众创新向深发展，更大程度激发市场活力和社会创造力，以新动能支撑保就业保市场主体，经国务院同意，决定在部分地区、企业、高校和科研院所建设第三批双创示范基地。现将有关事项通知如下：

第三批双创示范基地名单（92个）

一、创业就业方向（25个）
西安交通大学
重庆大学
厦门大学
<u>北京航空航天大学</u>
北京理工大学

■ 北航入选双创示范基地

奖励名称	获奖年份	批次等级
国家级示范性专业化众创空间	2016年	首批（全国共17个）
全国深化创新创业教育改革示范高校	2017年	首批（全国共99个）
全国大学生创业示范园	2017年	首批（共30个）
全国创新创业教育典型经验高校	2017年	第二批（全国共50个）
北京高校大学生创业园	2018年	首批（共10个）
全国大众创业万众创新示范基地	2020年	第三批（全国共92个）

第四章·双创引领

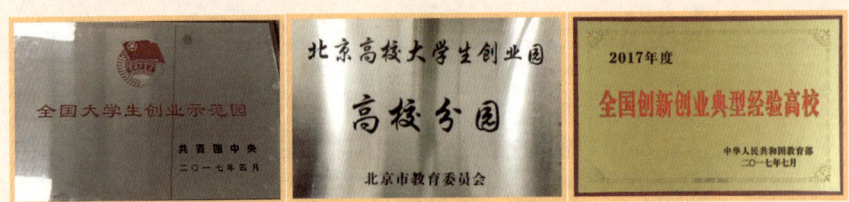

- 全国大学生创业示范园牌匾
- 北京高校大学生创业园高校分园牌匾
- 全国创新创业典型经验高校牌匾

- 深化创新创业教育改革示范高校牌匾

至此，北航实现了自2017年以来创新创业领域国家级荣誉"大满贯"！

北航在双创领域成绩显著，背后是优秀的顶层设计和完善的孵化链条，一起去看看！

创新创业：北航人才培养新名片

在学校党委领导下，北航把创新创业与立德树人根本任务相结合，把学校的科研优势转化为人才培养优势，不断优化创新创业教育工作体系。

建设创新创业特色课程，打造创新创业实践平台，汇聚创新创业优质资源，为青年学子科创报国点燃"助推剂"。

双创课程建设有特色

2015年成立创新创业工作领导小组，2016年成立创新创业学院，形成"一院五中心"工作格局，全校合力提升创新创业教育质量。

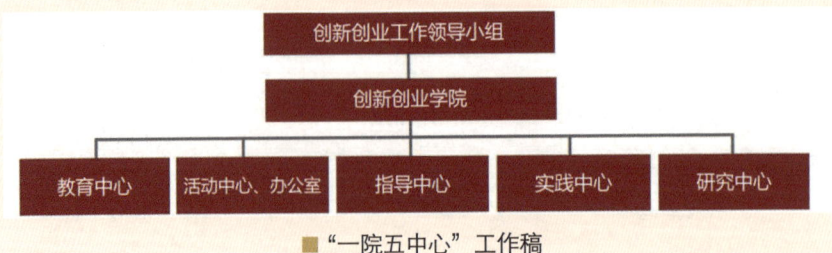

- "一院五中心"工作稿

打造一大批具有北航特色的创新创业课程，校内认定的创新创业课程达63门。明确了集课程、学科竞赛、学术活动、科学研究、创业实践等于一体的学分认定体系。

双创实践孵化产实效

学校持续推进"冯如杯"竞赛改革，"冯如杯"连续举办30届，打造校院联动竞赛群。超过8万名学生参赛，作品数量4.5万余件，"挑战杯""互联网+"大赛等持续创造佳绩，我校成为全国唯一连续16届捧得"挑战杯"竞赛"优胜杯"的高校。

■ "挑战杯"竞赛

学校依托致真大厦、世宁大厦，建设大学生创新创业基地，面积超7000平方米，为学生创业团队提供政策和资金支持。近三年入驻团队56支，服务学生超3000人次，定期开展系列创新创业培训活动。

■ 我校第16届"挑战杯"竞赛奖杯

学子收获各项荣誉

央视《新闻联播》等重点电视节目，多次报道北航学子创新创业团队，学生获得工信双创奖学金特等奖9项、累计600多万，斩获青少年科技创新领域最高荣誉。

■ 2016年8月，北航学生航模队获评"小平科技创新团队"

■ 2018年8月，化学学院2014级本科生苗伟宁获评"青少年科技创新奖"

- 2018年6月，北航在2017年度工信创新创业奖学金评选中荣获4项特等奖
- 2019年10月，我校校友陈震、李琛获得第一届创新创业英才奖（左二为陈震，左四为李琛）

北航学子：创新创业硕果累累

"创新不断线，云端共分享"，发扬北航人创新创业的优良传统，仅过去一年就涌现出一大批优秀成果。

2020年，北京航空航天大学本科生获省部级及以上奖项超过600项，获奖人数超3000人次；研究生获省部级及以上奖项超过300项，获奖人数近1000人。

一起回顾近一年，北航在创新创业领域的优异成绩！

聚焦创新创业教育孵化

疫情期间，我校继续教育学院创管学院董青春老师带领课程团队采用"MOOC+研讨+实践"的教学方式，打造了"创新创业基础"在线课程，采用Flash动画、真人剧场、手绘动画与知识体系融合，生动活泼的表现手法、创新的课堂形式，吸引了全国十几所高校7900余名学生共同参与。

- "敢闯·汇创"天汇1号种子基金完成签约仪式

2020年7月2日,"敢闯·汇创"天汇1号种子基金完成签约仪式,该基金资金总规模为500万元,拟为每个入选的学生创业项目提供20万～50万元资金支持,为北航学子创业路途保驾护航。

双创大赛再创佳绩

从校内科创竞赛"冯如杯",到大学生双创高水平竞赛"挑战杯"。一系列竞赛选拔和培育,着力引领创新创业、服务成长成才,北航始终成绩傲人!

第30届"冯如杯"竞赛

■ 第30届"冯如杯"竞赛首次实现全网评审

第30届"冯如杯"竞赛首次实现全网评审,开赛以来共收到2959项科技创新作品,713项作品通过线上直播答辩,累计答辩时长超过100个小时,超过1500名学生与评委在线交流。

"冯如杯"已连续举办30年,在总结竞赛相关经验的基础上,启动了赛事改革研讨,对标新工科人才培养目标,探索"团队项目制"的中长期研发模式和"命题作文"式的项目来源方式。

"挑战杯"竞赛

在2020年首都"挑战杯"大学生创业计划竞赛决赛中,我校获得8项金奖、6项银奖、1项铜奖,以团体总分第一名的成绩首次捧得最高荣誉"挑战杯"。继2019年首都"挑战杯"课外学术科技作品竞赛、第十六届全国"挑战杯"竞赛之后,我校在大学生创新创业高水平竞赛中实现了"三连冠"。

项目名称	学院	第一作者	指导教师	奖项
航弈生物科技-基于脑机接口的脑卒中康复外骨骼	自动化学院	潘康	郭玉柱	金奖
"伏翼"可自由起降的吸附式微型固定翼无人机	航空学院	葛云松	胡天翔 屈秋林	金奖
灵翼科技-无人机多光谱遥感水体数字化监测	航空学院	何东雨	文东升 张俊	金奖
智安云-信息时代传染病分析预测与风险研判平台	计算机学院	石滨鸿	王静远	金奖
(ISET)机器人辅助农业现代化、智能化生产产业链	机械学院	蒋布辉	王田苗 侯涛刚	金奖
MedShine医疗科技-新型变频内窥镜光源的研制	生医学院	索艳莉	岳蜀华	金奖
深光ALight_AI混合现实投影交互平台	软件学院	冯翀	王海泉 徐东	金奖
小软教育机器人	网安学院	辜智强	王俊	金奖
零悟科技——雷达智能感知技术及应用	电子学院	梁怀运	王向荣 曹先彬	银奖
声讯科技全域声场重建及声源定位系统	自动化学院	刘星雨	赵龙飞	银奖
航智农联——乡村电商产销运全链条联接方案	生医学院	何源	赵圆	银奖
aCutout抠像大师——基于深度学习的智能抠像软件	软件学院	邓坤权	王海泉	银奖
Deepfake-killer:AI换脸智能检测系统	计算机学院	赵博	冷彪	银奖
跃动乐译——高校翻译平台全国推广	外国语学院	高铭鞠	刘威	银奖
声彤科技——同轴液滴包裹超声生成平台	能动学院	雒国林	富庆飞	铜奖

■ 第十二届"挑战杯"中国大学生创业竞赛全国决赛颁奖现场

2020年12月9日，我校学子在第十二届"挑战杯"中国大学生创业竞赛全国决赛中斩获金奖2项、银奖1项、铜奖5项，为我校连续第四届捧得"优胜杯"！

此外，我校8个项目经过"挑战杯·青春有我"团队风采点赞活动均获评第十二届"挑战杯"网络人气项目（全国仅100个）。

校园里当总师　论文写上蓝天

2020年5月20日，"冯如三号-100型"飞行活动1周年倒计时启动会暨"冯如三号-70型"世界纪录证明捐赠仪式举办，"冯如三号"团队将以此为契机再度向世界纪录发起

■ "冯如三号-100型"

挑战。

2020年5月27日11时01分，由北京航空航天大学宇航学院牵头开展的学生大型综合项目"北航四号"临近空间火箭动力飞行器首飞试验取得圆满成功。

■ "北航四号"临近空间火箭动力飞行器首飞试验

各项竞赛显身手

2020年5月15日

新媒体学院本科生在工业设计界顶尖的三大赛事之一——2020年德国iF设计大赛中荣获新秀奖（iF Design Talent Award），并斩获年度最佳奖项（BEST OF THE YEAR）。

■ 2020年德国iF设计大赛

2020年8月19日

在由教育部高等学校网络空间安全专业教学指导委员会主办的第十三届全国大学生信息安全大赛决赛中，我校学子荣获一等奖两项。

■ 第十三届全国大学生信息安全大赛决赛

2020年8月15日

在大学生冰壶人工智能挑战赛中，由我校高等理工学院2017级本

■ 大学生冰壶人工智能挑战赛　　■ 北航荣获冠军合影

科生组成的"壶履薄冰"队在23所高校39个团队中脱颖而出,代表北航获得冠军。

2020年9月15日

北航学子在全国大学生计算机系统能力大赛编译系统设计赛中荣获一等奖。同时,我校积极推动将编译器构建能力作为新增科目纳入计算机教指委组织的全国计算机系统能力大赛,为大赛提供自动评测能力,为在全国范围输出北航编译教学模式搭建平台。

■ 北航学子在全国大学生计算机系统能力大赛编译系统设计赛中荣获一等奖

2020年9月17日

■ 我校2019级研究生、深光科技CEO冯翀荣获"创青春—中关村U30·2020年度优胜者"称号

■ 第23届中国北京国际科技产业博览会

2020中关村论坛上,我校2019级研究生、深光科技CEO冯翀荣获"创青春—中关村U30·2020年度优胜者"称号,同时也是该榜单30位入选者中最年轻的一位。

在同日开幕的第23届中国北京国际科技产业博览会上,我校2018

级研究生、幻思科技CEO潘佳义出席首都青年科技展区,向来自全国各地的参展者展示了首都青年的创新创造风采。

2020年9月20日

我校计算机学院学生郭若熙等凭借作品《"灵手千曲"——基于AI+AR的手势钢琴教学系统》在CCVR2020"吉动杯"中国虚拟现实大赛中荣获特等奖。

2020年9月26日至27日

第十届北京市大学生机械创新设计大赛采取线上答辩和产品展示的方式举行,20余所高校的近千名学生参加。来自我校能源与动力工程学院、机械工程及自动化学院、可靠性与系统工程学院、宇航学院等多个学院的44名同学组成10个参赛队,最终获得3项一等奖和5项二等奖。

■ 第十届北京市大学生机械创新设计大赛

2020年10月24日至25日

我校机器人队在第十九届全国大学生机器人大赛(ROBOCON)的"绿茵争锋"主题比赛和"机器马术赛"单项赛中均荣获一等奖,取得建队以来最好成绩。

■ 我校机器人队在第十九届全国大学生机器人大赛中的合影

2020年11月5日

由工业和信息化部、人力资源社会保障部、全国总工会、共青团中央联合主办的全国工业互联网安全技术技能大赛在江苏南京举办,我校网络空间安全学院两支参赛队伍喜获佳

■ 我校网络空间安全学院在全国工业互联网安全技术技能大赛中的合影

绩，获得教师组一等奖、学生组一等奖以及院校优胜奖。

2020年11月7日至15日

我校AERO-SEGWAY方程式赛车队在中国大学生方程式赛车系列赛事中荣获中国大学生电动方程式大赛总成绩二等奖、电动方程式大赛效率测试第二名、无人驾驶方程式大赛二等奖等多项优秀成绩。

■ 我校AERO—SEGWAY方程式赛车队在中国大学生方程式赛车系列赛事上的合影

2020年11月15日

我校航模队在科研类全国航空航天模型锦标赛CADC 2020科技创新评比中荣获一等奖3项。一等奖获奖数位列全国第一。

2020 CADC 科技创新评比总成绩获奖名单 我校获奖统计		
一等奖15项		
排名	科创评比项目名称	学校
1	全自动对地侦察与打击机载控制系统	北京航空航天大学
2	跨昼夜长航时太阳能飞行平台	北京航空航天大学
3	150毫米微型四轴飞行器的综合设计	北京航空航天大学

■ 我校航模队在科研类全国航空航天模型锦标赛CADC 2020科技创新评比中获奖

在由工业和信息化部人才交流中心举办的第十一届"蓝桥杯"程序设计大赛全国决赛中，我校学子荣获一等奖13项、二等奖7项。其中邹增禹获得C/C++组全国第一名。

第十一届蓝桥杯大赛全国决赛 我校获奖统计			
学校	作者姓名	科目名称	奖项
北京航空航天大学	许家豪	单片机设计与开发大学组总决赛	一等奖
北京航空航天大学	刘子豪	Java软件开发大学A组总决赛	一等奖
北京航空航天大学	谢谨墓	Python程序设计大学组总决赛	一等奖
北京航空航天大学	宵浩宇	Python程序设计大学组总决赛	一等奖
北京航空航天大学	郭晨旭	Python程序设计大学组总决赛	一等奖
北京航空航天大学	许卜仁	Python程序设计大学组总决赛	一等奖
北京航空航天大学	韩程凯	Python程序设计大学组总决赛	一等奖
北京航空航天大学	郑耀威	Python程序设计大学组总决赛	一等奖
北京航空航天大学	邹增禹	C/C++程序设计大学A组总决赛	一等奖
北京航空航天大学	潘天蔚	C/C++程序设计大学A组总决赛	一等奖
北京航空航天大学	黄云依	C/C++程序设计大学A组总决赛	一等奖
北京航空航天大学	郝泽钰	C/C++程序设计大学A组总决赛	一等奖
北京航空航天大学	李英龙	C/C++程序设计大学A组总决赛	一等奖

■ 第十一届"蓝桥杯"大赛全国决赛我校获奖统计

2020年11月17日

我校学子在2020年"高教社杯"全国大学生数学建模竞赛中荣获一等奖2项。该项竞赛由中国工业与应用数学学会主办，被列入教育部高校学科竞赛排行榜，是国内最高水平的数学建模竞赛之一。

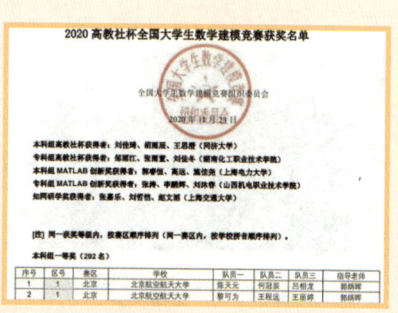

■ 2020高教社杯全国大学生数学建模竞赛获奖名单

2020年11月22日

我校学子在"中铁工业杯"第九届全国大学生机械设计大赛中斩获全国比赛一等奖。该项竞赛每两年举办一届，代表了全国大学生机械设计能力的最高水平。

■ 中铁工业杯

■ 我校学子参加"飞鲨杯"第六届中国研究生未来飞行器创新大赛

2020年11月22日

我校学子在"飞鲨杯"第六届中国研究生未来飞行器创新大赛全国总决赛中荣获一等奖2项。本次比赛共有来自127所高校及科研单位的513支队伍参赛，最终评出一等奖15项。

2020年11月27日至29日

我校学子在第二届集成电路EDA设计精英挑战赛中荣获一等奖2项。集成电路EDA设计精英挑战赛是我国为数不多的集成电路专业型大赛，本次比赛吸引了全国67所高校的306支

■ 我校学子参加第二届集成电路EDA设计精英挑战赛

第四章·双创引领

343

队伍参赛，最终评出一等奖14项。

2020年11月29日

在第十二届北京市大学生化学实验竞赛中，我校化学学院学子荣获一等奖4项，二等奖4项。

■ 第十二届北京市大学生化学实验竞赛我校参赛学子

2020年12月17日

我校外国语学院学子艾山江·塔依尔·帕莉塔在"外研社·国才杯"全国英语演讲大赛北京赛区获特等奖，并代表北京赛区在全国总决赛线上决赛中荣获全国一等奖及最佳语音奖。

■ "外研社·国才杯"我校获奖学子

2020年12月18日

在2020"遨博杯"首届全国机械工业设计创新大赛决赛中，我校自动化科学与电气工程学院的"复杂地下管道检测关键技术及其应用"、机械工程及自动化学院的"基于机器视觉的智能机器人自学习抓取与分拣系统"以及交通科学与工程学院的"基于复合材料波纹蒙皮的变弯度机翼"3个项目均荣获概念组金奖。

■ "遨博杯"我校参赛学子

2020年12月19日至20日

我校法学院学子在中国空间法学会第17届CASC杯国际空间法模拟法庭竞赛中荣获一等奖。该大赛因其每年总决赛均由国际法院三位现任大法官亲自出庭审理而成为当今世界最

■ 中国空间法学会第17届CASC杯国际空间法模拟法庭竞赛我校获奖学子

高级别的三个模拟法庭比赛之一。

2020年12月21日

我校飞行学院学子在2020年全国高校模拟飞行锦标赛中荣获CESSNA 172 ILS盲降进近项目专业组一等奖。

■ 全国高校模拟飞行锦标赛我校参赛学子

2020年12月25日

我校学子在第45届国际大学生程序设计竞赛ACM-ICPC亚洲区域赛南京赛区荣获金奖2项。ACM-ICPC由国际计算机学会主办,已发展成为世界范围内认可度最高的大学生程序设计竞赛。

这份成绩单满满都是优秀!

为党育人,为国育才,抓住机遇,迎接挑战,在创新创业中增长智慧才干,在艰苦奋斗中锤炼意志品质,培养一批批具有创新意识和创新能力的学子,北航,一直在路上!

■ 第45届国际大学生程序设计竞赛ACM—ICPC 我校参赛学子

第四章·双创引领

夺冠！北航再捧首都"挑战杯"！

◆ 推送日期：2021年5月20日

今天，第十一届"挑战杯"首都大学生课外学术科技作品竞赛落下帷幕。我校共获得15项特等奖、17项一等奖、21项二等奖、35项三等奖。其中在主赛道获得8项特等奖、4项一等奖、3项二等奖，夺得最高荣誉首都"挑战杯"！

■ "挑战杯"奖杯

■ 第十一届"挑战杯"首都大学生课外学术科技作品竞赛颁奖现场

北航在本次比赛中团体总分和特等奖数量位列北京市高校第一，团体总分打破由我校保持的历史纪录！

序号	项目名称	所属学院	指导教师	奖项
1	"伏翼"可自由起降的吸附式微型固定翼无人机	航空科学与工程学院	胡天翔、屈秋林、王立新	特等奖
2	融合大数据的疫情预测分析模型与平台	计算机学院	王静远	特等奖
3	主动可控高速图像传输型磁悬浮胶囊机器人	机械工程及自动化学院	冯林	特等奖
4	基于一氧化氮传输的动脉功能和动脉粥样斑块风险无创评测研究	生物与医学工程学院	刘肖	特等奖

（续表）

序号	项目名称	所属学院	指导教师	奖项
5	新冠肺炎疫情期间国际涉华舆论偏差策略研究	外国语学院	梁茂成、张毓、刘威	特等奖
6	大空域宽速域固液动力临近空间火箭飞行器	宇航学院	朱浩、宋佳、张晓天	特等奖
7	拓扑电路中新奇量子物态的理论设计研究——从拓扑绝缘体到马约拉纳零模	物理学院	周苗	特等奖
8	"冯如三号"高效超长航时无人滞空平台	冯如书院、航空科学与工程学院	王耀坤	特等奖
9	人与机器人集群智能协同系统	自动化科学与电气工程学院	董希旺、李清东、吕金虎	一等奖
10	液滴蒸发在图案化运动和均匀薄膜制备中应用的理论研究	物理学院	满兴坤	一等奖
11	仿生有序交联碳化钛的制备及性能研究	化学学院	程群峰	一等奖
12	嵌入、互构与赋能：社会组织参与北京城市社区治理研究	人文与社会科学高等研究院	涂晓芳	一等奖
13	基于形状传感光纤的3D肠镜导航系统	生物与医学工程学院	岳蜀华	二等奖
14	少样本场景的机器学习增强技术研究	高等理工学院	张日崇	二等奖
15	仿生思想在优化液下超浸润功能材料设计及制备的应用实例	化学学院	于存明、江雷	二等奖

■ "挑战杯"主赛道获奖项目

此外，在本次首都"挑战杯"的"红色实践""科技冬奥""揭榜挂帅"三个专项赛中，我校共推荐80项优秀作品参赛，同样取得优异成绩：

"红色实践"专项赛 特等奖2项 一等奖7项

"揭榜挂帅"专项赛 特等奖2项 一等奖2项

"科技冬奥"专项赛 特等奖3项 一等奖4项

序号	所属赛道	项目名称	学院	指导教师	拟授奖项
1	红色实践	巨匠航心——七秩航梦，丹心长明	生物与医学工程学院	王羽佳	特等奖
2		青年力量与国防发展：中国航空发动机领域学生择业意愿和人才引进政策分析	能源与动力工程学院	武欣、郭临稷	特等奖
3		书海天强国志、铸百年红色魂	可靠性与系统工程学院	梁帮龙、常昊婧	一等奖
4		"仪光赤心"实践队	仪器科学与光电工程学院	李鹏、王建垚、李昂	一等奖
5		乡村振兴视角下家庭医生对病贫群体的全过程作用调查及对策分析	生物与医学工程学院	王志锋、高宁、侯丹丹	一等奖
6		赓续红色星火，情系民族魂魄	宇航学院	赵洁、王鹏	一等奖
7		"南粤候鸟"实践队	可靠性与系统工程学院	郭伟丰	一等奖
8		高校助农联盟	飞行学院	赵圆	一等奖
9		电商助力乡村振兴——"淘宝村"创业带头人创业机会识别的影响因素研究	机械工程及自动化学院	张佳书	一等奖
10	揭榜挂帅	基于fluent流动模型对钢包中固液气三相流的数值模拟与分析	航空科学与工程学院	—	特等奖
11		基于透明液晶屏和变色玻璃的适光双层设计	经济管理学院	许东	特等奖
12		大学生的Dream car	机械工程自动化学院	王鑫	一等奖
13		发光液晶显示技术	化学学院	赵东宇	一等奖
14	科技东奥	一种小回转轻量化的中心定向式无限旋转舵轮	机械工程及自动化学院	刘荣、梁建宏	特等奖
15		一种自动定点搬运器的设计与控制	机械工程及自动化学院	刘荣、梁建宏	特等奖
16		协同式汽车搬运器的设计与控制	机械工程及自动化学院	王伟	特等奖

（续表）

序号	所属赛道	项目名称	学院	指导教师	拟授奖项
17	科技东奥	多模态全地形履带平衡机器人	电子信息工程学院	张玉玺	一等奖
18		基于声音识别技术的室内安全防护系统	电子信息工程学院	张玉玺	一等奖
19		仿生六足机器人环境感知与运动控制	自动化科学与电气工程学院	岳昊嵩	一等奖
20		冬奥会奥运村无人机物流——基于AirSim的物流系统	电子信息工程学院	佟路、李宇萌	一等奖

赛情速递

5月20日上午，在北京科技大学体育馆举行了"挑战杯"优秀作品展，北京市委副书记张延昆、北京团市委书记李军会、海淀区委书记于军等领导莅临我校展位，听取了我校"'冯如三号'高效超长航时无人滞空平台"等项目的汇报讲解，充分肯定了我校学生科技创新项目的水平和培养机制。

本届竞赛由共青团北京市委员会、北京市教育委员会、北京市科

■ 四个赛区队员的合照

学技术协会、北京市学生联合会主办，北京科技大学承办，进一步引导首都高校学生聚焦解决关键核心技术"卡脖子"问题，努力培养科学精神和科学态度，踊跃投身创新驱动发展战略，更好服务首都"三城一区"建设，比赛在北京科技大学、中关村科学城、亦庄经济技术开发区、怀柔科学城、首钢高端产业综合服务区同时开展。竞赛主赛道在近800项优秀科技作品参赛中评出特等奖43项、一等奖84项、二等奖159项、三等奖316项，我校15项参赛作品全部获奖。

经过多轮校内选拔，我校推荐15件作品参加首都"挑战杯"主赛道，最终有8项作品获得特等奖。下面就一起来看看各赛区优秀作品吧！

"伏翼"可自由起降的吸附式微型固定翼无人机

报送单位：航空科学与工程学院

参赛学生：王金瀚、葛云松、唐元祎、石哲鑫、张真睿、唐浩楠、牛睿捷、吴成岳

指导老师：胡天翔、屈秋林、王立新

■ 参赛团队

■ 无人机模型

项目简介：目前，微型无人机应用前景广阔，但是续航能力普遍不足。本团队从蝙蝠附壁等待时机、伺机捕猎中找到灵感，自主设计研发了"伏翼"吸附式微型无人机。该机翼展35厘米，可以栖息墙面，实现长时间待机作业，弥补续航不足的问题，可以实现自由垂直起降以及全自动工况转换过程，未来将主要面向军用、警用市场，进行长时间待机侦察、定点打击等任务。

融合大数据的疫情预测分析模型与平台

报送单位：计算机学院

参赛学生：石浤澔、姜佳伟、郭立达

指导老师：王静远

项目简介：该项目构建了融合大数据的新冠肺炎疫情仿真预测模型。模型将防控政策、人群活动等大数据融合到经典的SEIR模型当中，解决了传统模型人群划分不合理、未考虑政策和人群行为影响等缺陷，实现了高精度的疫情预测和政策仿真。作品成果服务于国务院联防联控机制、北京市等决策部门，为其防疫决策提供数据支持。

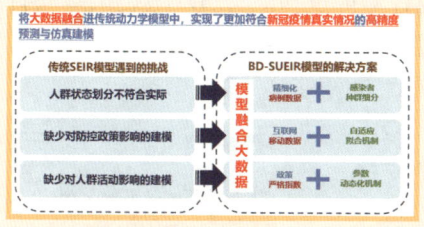

■ 符合新冠疫情真实情况的高精度预测仿真建模

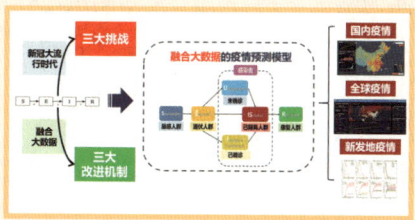

■ 融合大数据的疫情预测模型

主动可控高速图像传输型磁悬浮胶囊机器人

报送单位：机械工程及自动化学院

参赛学生：赵嘉伟、王新阳、肖若瑶、张斌

指导老师：冯林

项目简介：与传统的肠胃内镜相比，胶囊机器人由于操作简单、无痛无创等优点，如今受到越来越多的青睐。本项目开发了一款新型的胶囊机器人，其依靠Wi-Fi进行高速的视频传输，并通过非亥姆赫兹线圈以及磁悬浮平台进行5自由度的位姿控制，大幅度提升了胶囊机器人的检测效果和医师的工作效率，降低了使用成本，具有较强的实用性和广阔的应用前景。

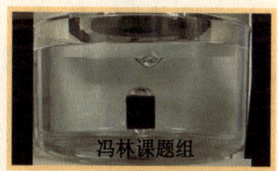

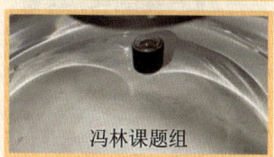

■ 部分研究情况展示

基于一氧化氮传输的动脉功能和动脉粥样硬化斑块风险无创评测研究

报送单位：生物与医学工程学院

参赛学生： 马天翔

指导老师： 刘肖

项目简介： 动脉最重要的功能之一是内皮释放一氧化氮介导的血管生理舒张。该功能受损诱导着动脉粥样硬化的发生，甚至斑块破裂。本研究建立了一氧化氮传输模型，考虑了动脉变形与斑块成分的影响。以此为基础，结合临床无创测量，提出评测内皮功能与斑块破裂风险的新方法。结果表明，新方法对内皮功能的分辨能力高于现有方案近28倍。此外，本项目首次利用一氧化氮局部平均浓度评价斑块风险，为动脉粥样硬化诊疗提供了理论及方法的支持。

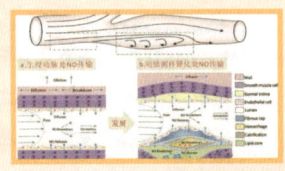

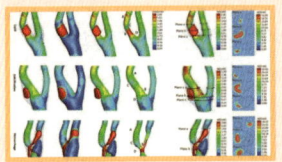 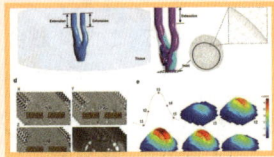 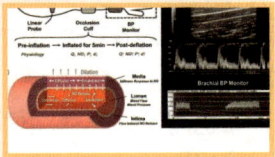

■ 部分研究情况展示

新冠肺炎疫情期间国际涉华舆论偏差策略研究

报送单位： 外国语学院

参赛学生： 李安琪、姚泽良、胡晓剑、李熹明、李占伟、俞瀚云、颜炜

指导老师： 梁茂成、张毓、刘威

项目简介： 项目基于大规模实时语料，帮助中国了解西方语境下舆论社会波动及其敏感拐点，及时对涉华舆情来源、层次与趋势走向进行研判，帮助政府对热点舆情作出快速反应，从容应对突发事件下国际舆情变化并及时高效做出管理决策。

■ 研究结果展示

大空域宽速域固液动力临近空间火箭飞行器

报送单位： 宇航学院

参赛学生： 苏江城、孟庆尧、李志、王正康、辜小明、李心瞳、徐维乐

指导老师： 朱浩、宋佳、张晓天

项目简介：本项目采用固液混合火箭发动机作为动力系统，设计研制了一款可用于大包络飞行的临近空间火箭飞行器。项目创新性地建立了固液火箭发动机参数化设计与性能分析一体化模型，开展了基于图像处理技术的弹翼结构拓扑优化，并应用多项式制导律提升制导的鲁棒性与可靠性。未来，该飞行器可发展为固液动力高空高速靶标、小型运载火箭等新型飞行器，有力服务国防事业发展和航天强国建设。

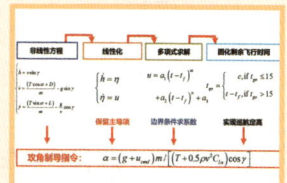

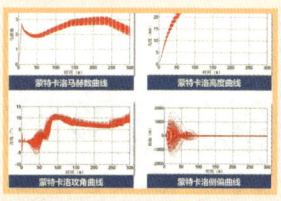
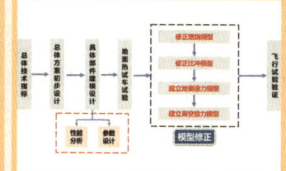

拓扑电路中新奇量子物态的理论设计研究——从拓扑绝缘体到马约拉纳零模

报送单位：物理学院
参赛学生：姚俊杰
指导老师：周苗

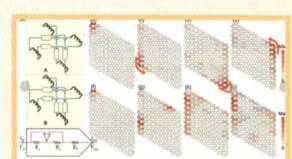
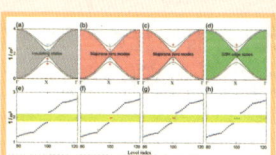
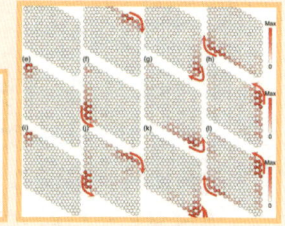

■ 部分研究情况展示

项目简介：着眼国家重大战略需求与科技前沿，作为新型量子器件和量子信息技术硬件基础的新奇量子物态有着重要的研究意义。我们理论上设计了几种拓扑电路，实现了传统电子材料中难以验证的新奇量子物态，包括高阶拓扑相、多轨道量子自旋和量子反常霍尔态以及马约拉纳零模，并系统研究了其微观调控。这些工作不仅为量子物态的实验研究作了强有力的指导，更为拓扑电路在微纳光电子器件、自旋电子学、量子计算等领域的实际应用提供了创新的思路。

"冯如三号"高效超长航时无人滞空平台

报送单位： 冯如书院、航空科学与工程学院

参赛学生： 周岳、林招如、张韫哲、李浩海、李沛杉

指导老师： 王耀坤

项目简介： 在充分分析现代军民领域需求的基础上，研发了具有100小时滞空能力的"冯如三号"高效超长航时无人滞空平台，2019年以30小时6分42秒航时创造国际航空联合会航时世界纪录。"冯如三号"通过多次设计迭代、多地多次多科目试飞，已完成72.5小时航时突破，正在进行100小时滞空飞行突破。该项目未来应用前景广泛，在大面积区域的持久巡查，如南海巡岛、西电东送电力巡线等领域具有重要意义。

除了主体赛事，本届"挑战杯"增设了

■ 测试过程

"红色实践""科技冬奥""揭榜挂帅"等三个专项赛。下面一起来看看在专项赛中大放异彩的优秀北航作品吧！

红色实践赛道特等奖

项目名称： 巨航匠心——七秩航梦，丹心长明

学　　院： 生物与医学工程学院

项目负责人： 王羽佳

指导教师： 郭伟丰

项目名称： 青年力量与国防发展：中国航空发动机领域学生择业意愿和人才引进政策分析

学　　院： 能源与动力工程学院

项目负责人： 方玺龙

指导教师：郭临稷

揭榜挂帅赛道特等奖
项目名称：基于fluent流动模型对钢包中固液气三相流的数值模拟与分析
学　　院：航空科学与工程学院
项目负责人：马敏昂

■ 团队合影

项目名称：基于透明液晶屏和变色玻璃的适光双层设计
学　　院：经济管理学院
项目负责人：曹凤华
指导教师：许东

科技冬奥赛道特等奖
项目名称：一种小回转轻量化的中心定向式无限旋转舵轮
学　　院：机械工程及自动化学院
项目负责人：赵启明
指导教师：刘荣、梁建宏

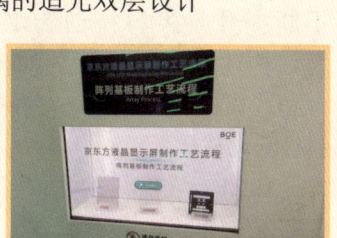
■ 京东方液晶显示屏制作工艺流程

项目名称：一种自动定点投掷灭火弹的消防机器人
学　　院：机械工程及自动化学院
项目负责人：冉济豪
指导教师：刘荣、梁建宏

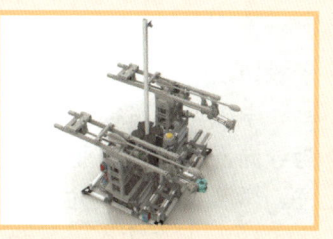
■ 一种自动定点投掷灭火弹的消防机器人

项目名称：协同式汽车搬运器的设计与控制
学　　院：机械工程及自动化学院
项目负责人：高薇
指导教师：王伟

■ 协同式汽车搬运器

下一步参赛计划

近期,学校将在首都"挑战杯"获奖作品中遴选6项作品,参加今年下半年在四川大学举办的第十七届"挑战杯"全国大学生课外学术科技作品竞赛,力争再创佳绩。

同时,学校将进一步聚焦创业带动就业,选拔优秀学生创业团队参加第七届中国国际"互联网+"大学生创新创业大赛。

日前,第七届中国国际"互联网+"大学生创新创业大赛已经开启报名赛道。

我校历来高度重视创新创业教育工作,不断提升学生科技创新水平和社会服务能力,构建以"冯如杯"为核心的校内实践平台和选拔机制,不断丰富各类大学生课外学术科技活动载体。

1990年至今,"冯如杯"竞赛已经走过了整整30个年头,共有超过8.0万名学生直接参与竞赛,作品数量超过4.5万件,已经成为校内影响力最高、学生参与最广的品牌赛事。第三十一届"冯如杯"竞赛即将迎来新的高潮,定于5月29—30日在新主楼二层环廊举办本届"冯如杯"竞赛展览展示,欢迎大家到场观摩!

今年4月,习近平总书记在清华大学考察时,对广大青年学生提出了殷切期望。

学校深入贯彻习近平总书记的嘱托,始终坚持以国家和社会需求为导向,将创新创业教育融入立德树人根本任务中,紧扣学校办学定位、学科特色和人才培养目标,把学校科研优势转化为人才培养优势,在创新创业中增长智慧才干,在艰苦奋斗中锤炼意志品质,培养一流人才,做出一流贡献!

■ 第七届中国国际"互联网+"大学生创新创业大赛报名相关推送

■ "冯如杯"竞赛项目成果展

北航学子，再破世界纪录！

◆ 推送日期：2021 年 10 月 3 日

喜迎国庆，举国欢腾。北航学子用一份世界纪录为共和国庆生，为建党百年祝贺。

10月1日，国际航空联合会（FAI）正式认证了北京航空航天大学"冯如三号"团队创造的25～100kg级油动固定翼无人机续航时间新的世界纪录。

由北航"冯如三号"团队研发的"冯如三号-100型"无人机持续飞行了80小时46分35秒，再次刷新了由自己保持的该重量级的世界纪录，又成功超过了由美国极光飞行科学公司研发的"猎户座"2500～10000kg级油动固定翼无人机2014年创造的80小时2分52秒的世界纪录，跃居全世界油动固定翼无人机（重量等级无差别）续航时间的榜首。

2019年10月，北航"冯如三号"团队首期成员以30小时6分42秒航时间创下25～100kg级油动固定翼无人机续航时间世界纪录。此后的两年，团队不断创新，使"冯如三号-100型"无人机具备高强度结构、超低油耗和全自主飞行控制能力。

■ "冯如三号-100型"无人机

■ 世界纪录公示

■ "冯如三号"飞行航迹

观察员现场确认飞行有效

"冯如三号-100型"

《人民日报》报道"冯如三号-100型"

此次破纪录的团队二期成员由25名来自四个年级、不同专业的本科生组成，平均年龄不超过20岁，90%以上为"00后"。飞行试验在河南许昌进行，飞机在300米的高度盘旋飞行，在飞行期间不允许加油，在既定的油量上测试飞机的极限航时飞行能力。

来自中国航空运动协会（ASFC）的观察员王保庆和刘爱强受国际航空联合会（FAI）委托，现场确认了飞行时长以及飞行活动的有效性。

"冯如三号-100型"无人机由北航"冯如三号"团队研发、设计、制造。全机为黑色，翼展约10米，机身呈潜艇形，由碳纤维复合材料制成。该无人机由汽油发动机驱动，加满燃料后的总重量约为60kg，飞行期间，携带约3千克的模拟载荷，最终目标是携带10～15kg的有效载荷，在空中飞行5天，潜在的应用包括测绘、通信和侦察等。

飞机命名为"冯如三号-100型"，是为了纪念中国航空之父冯如先生，也是为了致敬中国航空事业发展110年中无数为航空强国事业不懈奋斗的前辈；"100型"是为了庆祝中国共产党成立100周年，彰显了北航青年学子"空天报国、敢为人先"的拳拳赤子之心。

初心：致敬前辈，志在蓝天

1909年9月21日，冯如先生驾驶着第一架由中国人自行设计、研制、生产的飞机"冯如一号"，开启了中华民族航空事业征程。

1952年10月25日，北京航空学院在抗美援朝的战火中，应国家需要而诞生。

■ 冯如试飞

1958年，北航师生"大干100天"，将研发出的中华人民共和国第一架轻型旅客机"北京一号"送上蓝天。

先辈矢志报国的情怀，深深感染着北航学子，在中华人民共和国成立70周年和建党百年之际，"冯如三号"先后两次创下世界纪录。科技创新，勇攀顶峰，是北航学子的不懈追求。

■ 北航建校初期的学子

■ "北京一号"试飞

■ 2019年"冯如三号"创纪录现场

奋斗：创业实干，蜕变成长

"冯如三号"团队是一支年轻的创新团队，是北航面对空天领域的革命性、颠覆性技术变革，在实践中培养拔尖创新人才的一种新探索。

2018年,"冯如三号"团队由学校北航学院冯如书院组织发起,依托学校一流的航空航天学科组建而成,航空科学与工程学院教师王耀坤担任指导教师。

■ 疫情期间线上授课

学校高度重视"冯如三号"团队拔尖创新人才培养实践,教务处、校团委重点推进,北航学院、航空科学与工程学院、北京学院、北航无人系统研究院、北航工程训练中心深度参与,以及与北京北航天宇长鹰无人机科技有限公司、河南阿洛克实业有限公司、安徽卓尔航空科技有限公司、北京创衡控制技术有限公司、国家体育总局安阳航空运动学校、金林海口甲子通用机场等优质航空航天单位产学研用的有效协同,形成了包括"未来无人机系统的理论与实践"课程、《无人机系统概论》教材、校内外教师团队和优质校内外实践基地等完整系统的人才培养体系。

■ 结课答辩

■ 自编课程教材

初次参与无人机实践项目,他们拧断过螺栓、损坏过机身,从"小白"不断成长进步,不仅提升了工作能力,更拥有了越来越坚强的内心。

■ 临时党支部召开会议

■ 外场的国旗

为国创新,对党忠诚,"冯如三号"团队成立临时党支部,跑道旁飘扬的国旗,指引着他们前行。

  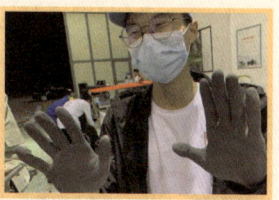

■ 寒假每日的工作早会　　■ 队员们抓紧时间学习　　■ 加工碳纤维零件后的双手

动力系统是保障超长航时飞行的关键创新点，为了实现最佳的方案，队员们不断地设计、试验、改进，最终完成200多张图纸、30G的文件，数十轮超100小时动力系统连续工作试验。

■ 进行飞行前动力系统的检查　　■ 对油箱油量的测量　　■ 夜间监视飞行状态

 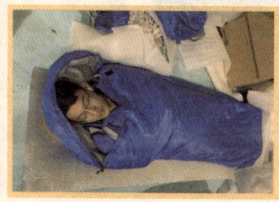 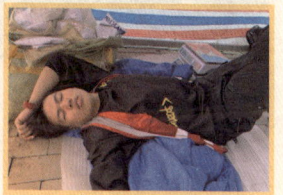

■ 凌晨4点外场监视无人机飞行状态　　■ 队员疲惫地睡去　　■ 队员在休息

每一次失败的背后，满是血泪与辛酸。

■ 2020年10月26日第一次试飞失败　　■ 2021年2月10日第二次试飞失败

一点点拼凑回来的碎片，提醒他们抓住每一次飞行的机会，将安全隐患解决在地面，总结经验，继续飞行。

研发期间，为验证各项性能，共进行过十余轮试飞。

■ 指导教师分析飞行事故原因

■ 2020年8月30日第一次试飞成功

■ 2020年10月8日第二次试飞成功

终于到了检验成果的时刻，"起飞车注意，本次滑跑，一次放飞，一次放飞""收到，收到"。这次，他们只有一个目标，打破纪录，势在必行。

最后，飞机的降落是一年多来梦想照进现实的时刻。

"冯如三号—100型"研发，共经历四年时间，北京、郑州、许昌、焦作、安阳、海口、芜湖、天津、南京……他们的足迹遍布祖国各地。

■ 寒假在海南完成飞行验证后团队合影

■ 起飞前启动

■ 在空中盘旋　　■ 起飞后队员们紧张地看着天空　　■ 飞机飞行平稳后队员们激动得抱头痛哭

■ 降落

未来：科技强国，我们勇于担当

恰同学少年，风华正茂，书生意气，挥斥方道。"冯如三号"于每个队员而言，都是人生中浓墨重彩的一笔。

■ 团队成员获奖情况

第四章·双创引领

363

从科创营的理论学习，到暑假第一次见证起飞，再到亲身参与了破纪录飞行的全过程，这一年我和"冯如三号"共同成长。这一年让我对航空有了直观深刻的认识，有了比单纯仰望蓝天和星空更加想去探索的事情，让我决心把自己的青春奉献给祖国的蓝天，以青春助力中国腾飞。我们从来不是为了单纯地破纪录而飞行，希望以后"冯如三号"能在军用民用领域发挥超长航时无人机的重要战略作用，为国民经济建设、祖国繁荣昌盛做出贡献！

——团队成员　航空科学与工程学院本科生　田格

　　有幸参与到"冯如三号"项目中，完成了这一次创纪录飞行。这一年，我们不断地进行研发、制造、试验、试飞，将每一个假期都投入"冯如三号"中，就是为了这一次飞行。渐渐地，发动机的轰鸣声变成了最让人心安的声音，每天来到机场第一件事就是抬头寻找飞机。虽然辛苦，但这段经历是难得且难忘的。我们正年轻，我们与祖国的未来紧密相连，祖国的蓝天上将会写满我们的故事。

——团队成员　可靠性与系统工程学院本科生　刘雅曦

　　空天报国，敢为人先，学长学姐们用实际行动诠释了航空精神的含义和新一代航空人的爱国创新。未来的第三期项目将面临更加艰难的挑战，但我会一直以前辈们为榜样，不断向前，去完成他们未完成的事业。

——团队成员　北京学院本科生　刘帅兵

从中原的武陟到滨海的海口,从紧张有序的无人机所到气象不定的通用机场;从110年前"冯如二号"飞行约1英里到如今"冯如三号"不间断飞行数千公里;从100年前中国共产党庄严的成立到如今"冯如三号"飞行80多小时的世界纪录;我从未如此切实地感受到自己与祖国如此紧密地联系在一起。一年多的时间,我们更加坚定空天报国的理想。冯如先生的航空精神是一盏明灯,永远照耀着我们前行!

——团队成员　宇航学院本科生　管培锡

组别	姓名	年龄	年级	书院	学院
总体组	张益铨	22	2017级	冯如书院	航空科学与工程学院
	付宁	22	2017级	北京学院	北京学院
	王有盛	19	2019级	冯如书院	航空科学与工程学院
动力组	林招如	20	2018级	冯如书院	航空科学与工程学院
	杨天祺	19	2019级	冯如书院	航空科学与工程学院
	王骥勤	19	2019级	冯如书院	宇航学院
	张子健	19	2019级	北京学院	北京学院
控制组	张韫哲	21	2018级	冯如书院	航空科学与工程学院
	褚祺泓	20	2019级	北京学院	北京学院
	冯嘉瑞	19	2019级	冯如书院	航空科学与工程学院
	李绪航	20	2019级	冯如书院	生物与医学工程学院
	李沛杉	19	2019级	冯如书院	航空科学与工程学院
	刘雅曦	20	2019级	冯如书院	可靠性与系统工程学院
	马凯	20	2019级	冯如书院	航空科学与工程学院
结构组	李淼	20	2018级	冯如书院	航空科学与工程学院
	管培锡	20	2019级	冯如书院	宇航学院
	李浩海	20	2019级	北京学院	北京学院
	张耀辉	19	2019级	冯如书院	航空科学与工程学院
	章修惠	20	2019级	冯如书院	宇航学院
	黄军晖	19	2020级	冯如书院	冯如书院
	刘帅兵	18	2020级	北京学院	北京学院
保障组	周岳	20	2018级	冯如书院	航空科学与工程学院
	丁彪	20	2019级	冯如书院	航空科学与工程学院
	田格	19	2019级	冯如书院	航空科学与工程学院
	王澜谖	19	2019级	冯如书院	航空科学与工程学院
校外指导教师团队			南雍、李建华、郭书军、李许生 乔保森、张翠萍、丁末龙、叶璐		
校内指导教师团队			王耀坤、杨超、高静、郭伟丰、曹庆华、庄岩、王英勋 鲍蕊、钱政、高翔、王松、李俊良、吴衍川		

■ 团队师生信息

现在，团队已有了第三期成员，"'冯如三号'，把最好的飞机献给祖国"，一直是所有团队成员的追求与梦想。立大志、明大德、成大才、担大任，北航青年将牢记初心使命，将学科前沿理论融于科技创新实践，传承空天报国精神，以优异的科技创新成果，在实现中华民族伟大复兴的中国梦征程中做出更大贡献。

全国亚军！主赛道5金1银！
第七届"互联网+"大赛，北航学子，赞！

◆ 推送日期：2021年10月16日

10月15日晚，第七届中国国际"互联网+"大学生创新创业大赛总决赛冠军争夺赛，在南昌大学举行。

经过激烈的角逐，北京航空航天大学参赛项目，中发天信——万米高空无人守护者，获得全国亚军。

■ 第七届中国国际"互联网+"大学生创新创业大赛总决赛

■ 参赛选手：北航法学院2007级本科生、能源与动力工程学院2017级博士生刘臣在总决赛冠军争夺赛介绍项目

第七届中国国际"互联网+"大学生创新创业大赛由教育部等12个中央部委单位和江西省人民政府共同主办，南昌大学、南昌市人民政府承办。本届大赛历时6个月，共有来自121个国家和地区、4347所院校的228万余个项目参赛，参赛人次达到956万。

国务院副总理孙春兰听取了"天梭动力"（"北航四号"）团队的汇报，并对团队的科研成果给予了高度肯定。

■ 第七届中国国际"互联网+"大学生创新创业大赛总决赛结果

第四章·双创引领

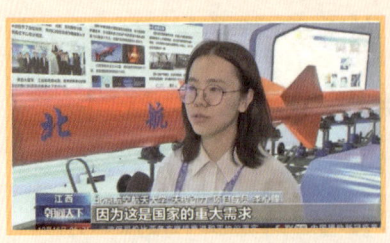

■ 北京航空航天大学"天梭动力"项目成员李心瞳接受采访

本次竞赛中,北京航空航天大学获得先进集体奖。

经过激烈角逐,本次竞赛中,北航共获得5金1银3铜的好成绩,2个项目入围全国40强,在主赛道获得5金1银,金奖总数位居全国第四。"Medcreate磁悬浮胶囊机器人"项目在本科生创意组获得全国第五名,祝贺优秀的北航学子!

再一起了解下入围总决赛的6个主赛道项目。

■ 北航团队合影

■ 参赛学生刘臣

中发天信——万米高空无人守护者

参赛学生:刘臣

所在学院:能源与动力工程学院

指导教师:刘大响院士

项目简介:中发天信(北京)航空发动机科技股份有限公司成立于2016年,是在国家启动两机专项大背景下诞生的民营航空发动机企业,创始人刘臣是北航法学院2007级本科生、能源与动力工程学院2017级博士生。中发天信致力于成为国际一流轻型航空动力制造商和国际一流航空装备成品制造商,在北京航空航天大学、航空工业集团、中国航空发动机集团、中国电子科技集团等单位的大力支持下,开展航空发动机、地面燃机研制

■ 项目实体

■ 中发天信江西航空发动机生产基地鸟瞰图

工作并提供相关技术服务。公司还开展大型无人机运维系统、决策系统、任务系统、地面保障系统等科研生产及相关技术服务。

Medcreate磁悬浮胶囊机器人：胃肠道检测领域的革命者

参赛学生： 王新阳、赵嘉伟、张欣慧、张斌、侯宜青、关睿、董子赫

所在学院： 机械工程及自动化学院

指导教师： 冯林

项目简介： 该项目是一款主动可控高速图像传输型胶囊机器人，实现了对磁控胶囊机器人进行多自由度运动控制，

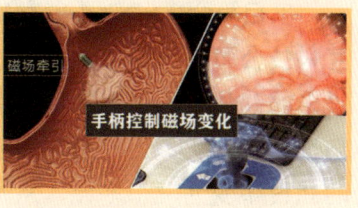

■ Medcreate磁悬浮胶囊机器人项目展示

以及对诸如胃部等大体积消化道器官的全方位无死角视频检查。采用独立的方向磁场系统控制胶囊机器人旋转或改变偏角，通过独立的磁悬浮系统实现胶囊机器人的磁悬浮运动，可在使用磁控胶囊机器人进行胃部检查时，无须改变患者的体位姿势即可完成整个胃部的覆盖式检查。

天梭动力——中国固液火箭动力高空高速飞行器的开拓者和引领者

参赛学生： 张源俊、孟祥宇、李心瞳、徐维乐、赵凯、于瑞鹏、王鹏程、赵万兵、肖明阳、王睿青、赵增、刘德元、王中烁、赵鸣飞、李晓刚

所在学院： 宇航学院

■ 中国固液火箭动力高空高速飞行器成果展

指导教师： 蔡国飙、田辉、朱浩、宋佳、俞南嘉、张晓天、刘昊、袁军娅、马彬、杨良、翁惠焱、李睿智、王伟宗

项目简介： 本项目的核心产品是一款采用变推力固液火箭发动机的新型火箭飞行器，其飞行高度可覆盖10-25km，最大飞行速度超3Ma，具备大范围推力调节能力。产品突出高性能、低成本的优势与特色，可直接作为高空高速类靶标使用，填补国内同类型靶标市场的空白，并可为合作单位提供先进固液动力系统技术支持。

深光科技——全球投影AR的引领者

参赛学生： 冯翀、郭嘉伟、马宇航、张梓航、姜一铭、王宇轩、陈

通、高紫嫣、白若雪、张唯、郎咏顾、徐竟成、张欣玥

所在学院： 软件学院

指导教师： 吕卫锋、王海泉、王亚

项目简介： 深光是一家AR交互科技公司，正在用颠覆式的AR投影交互技术，让科幻电影里的场景变为现实，让过去万元级别的AR设备变为一千多元，从不便

佩戴到无须佩戴，并解决续航、性能、显示体验等问题。深光科技主要从事场景式投影交互增强现实设备的研发和应用，致力于依托自主研发的混合现实智能硬件，实现智慧教育、智慧办公、智慧家居等创新型场景应用，推广和普及混合现实投影人机交互方式，赋能物体表面，引领投影触控科技的未来。

致真精密仪器——源自中国的磁性微电子测试设备领航者

参赛学生： 张学莹、杜洪磊、张博宇、许涌、李绍新、尹晟、魏家琦

所在学院： 集成电路科学与工程学院

指导教师： 赵巍胜

项目简介： 致真精密仪器（青岛）有限公司于2019年成立，由北航集成电路学院和北航青岛研究院孵化，面向国家战略和市场的双重需求，通过成果转化、自主创新以及产学研深度合作的模式，在高端科研仪器和磁性微电子测试设备领域开展研发。目

前，已经研发出中国首个商用磁光克尔测量系统，打破欧美垄断，设备成功销往清华大学、中芯国际等顶尖单位。成果被权威机构评价为国际领先，被新华社等媒体集中报道。此外，团队相继自主研发出高精度磁滞回线测量仪、晶圆级磁场探针台等系列设备。

北京信天翁·智飞无人机科技有限公司

参赛学生：李淼、张耀辉、褚淇泓、冯嘉瑞、王骥勤、周岳、姬硕、李浩海、王澜谖、李沛杉、林招如、张韫哲

所在学院：冯如书院、航空科学与工程学院

指导教师：郭伟丰、王耀坤、吴衍川

项目简介：北京信天翁·智飞无人机科技是一家聚焦未来无人机技术，提供商业场景解决方案与关键技术的公司。项目团队致力于针对社会各行业对长航时无人机的迫切实际需求开展智能高效产品的设计与研发，旨在推进世界先进长航时

无人机的技术发展，促进无人机尖端技术的开发与转化。这是一支年轻的创新创业团队，在中华人民共和国成立70周年和建党百年之际，连续两次打破世界纪录，成为全重量级油动无人机续航世界第一。

传承弘扬"空天报国"的北航精神，北航学子以国家和社会需要为导向。在创新创业中增长智慧才干，在艰苦奋斗中锤炼意志品质，北航将围绕立德树人根本任务，持续推动创新创业教育，培养一流人才，做出一流贡献！